westermann

Anja Austregesilo-Vockrodt, Annika Weiß

Mach mit!

Hauswirtschaft verstehen, erleben, gestalten

1. Auflage

Bestellnummer 05432

westermann GRUPPE

Die Seiten dieses Arbeitshefts bestehen zu 100 % aus Altpapier.

Damit tragen wir dazu bei, dass Wald geschützt wird, Ressourcen geschont werden und der Einsatz von Chemikalien reduziert wird. Die Produktion eines Klassensatzes unserer Arbeitshefte aus reinem Altpapier spart durchschnittlich 12 Kilogramm Holz und 178 Liter Wasser, sie vermeidet 7 Kilogramm Abfall und reduziert den Ausstoß von Kohlendioxid im Vergleich zu einem Klassensatz aus Frischfaserpapier. Unser Recyclingpapier ist nach den Richtlinien des Blauen Engels zertifiziert.

Druck und Bindung: Westermann Druck GmbH, Braunschweig

ISBN 978-3-427-**05432**-0

Vorwort

Die Berufsausbildung in der Hauswirtschaft ist vielseitig, spannend und nah am Menschen. In allen Bereichen des Haushalts und Großhaushalts fallen täglich Aufgaben an, die fachkundig ausgeführt werden müssen. Der Beruf verlangt Organisationstalent, Kreativität, Einfühlungsvermögen, Teamarbeit und Arbeitseinsatz. Dies auch am Wochenende und an Feiertagen. Die Arbeit mit unterschiedlichen Menschengruppen bringt viel Freude und ist abwechslungsreich. Nach Abschluss der Berufsausbildung stehen viele Türen offen: der Meister, Betriebswirtin bzw. Betriebsleiter oder Fachlehrerin können auf dem zweiten Bildungsweg angestrebt werden.

Der fünfte Teil der Reihe beschäftigt sich mit dem Thema Betreuung. Das Arbeitsheft gibt einen ersten Überblick über Einrichtungen der Kinder-, Jugend- und Seniorenbetreuung sowie Einrichtungen zur Betreuung von Menschen mit Behinderung. Des Weiteren werden persönliche Voraussetzungen und fachliche Anforderungen an den Beruf erläutert und es wird auf wichtige Schlüsselqualifikationen und Kompetenzen eingegangen. Die dadurch gewonnene Handlungskompetenz ist im privaten, sozialen und beruflichen Umfeld von Nutzen. Zudem wird die Betreuung bestimmter Personengruppen erörtert und mit hilfreichen Tipps und Wissenswertem für die Betreuung ergänzt.

Das vorliegende Arbeitsheft ist für Auszubildende der Hauswirtschaft, für Schülerinnen und Schüler in Integrationsklassen und in Klassen des Berufsvorbereitungsjahres erstellt worden. Wir, die Autorinnen, haben die Lerninhalte schülernah, zeitgemäß und mit praxisnahen Beispielen aufbereitet. Die Sprache ist bewusst einfach gehalten, Fachvokabeln, schwierige Wörter und Fremdwörter sind zum vertieften Lernen in angehängten Wortschatzübersichten zusammengefasst. Neben den fachlichen Inhalten werden Besonderheiten der deutschen Sprache beleuchtet. Diese Einheiten sollen Anregungen für fächerübergreifendes Lernen ermöglichen und das allgemeine Leseverständnis fördern.

Die Autorinnen und der Verlag haben sich in diesem Titel für die Verwendung der weiblichen oder männlichen Form entschieden, um die bessere Lesbarkeit der Texte zu gewährleisten und um den noch vorhandenen Berufsbezeichnungen in den Lehrplänen zu folgen.

Anja Austregesilo-Vockrodt und Annika Weiß

zu den Autorinnen:

Anja Austregesilo-Vockrodt absolvierte die Ausbildungen zur staatlich geprüften Hotelfachfrau und zur hauswirtschaftlichen Betriebsleitung. Sie war von 2006 bis 2020 Fachlehrerin für den Bereich Ernährung/Gestaltung und unterrichtete in einer Grund-/Mittelschule in Bayern in den Fächern Werken/Textiles Gestalten sowie im berufsorientierenden Zweig Soziales.
Annika Weiß absolvierte den Studiengang Europalehramt für Grund- und Hauptschulen u. a. mit dem Fach Haushalt/Textiles/Werken und erwarb einen Magister in Europaorientiertem Bilingualem Lehren und Lernen. Seit 2009 ist sie als Lehrerin für Deutsch und Englisch an einer Mittelschule in Bayern tätig.

Inhaltsverzeichnis

3 BETREUUNG UND VERSORGUNG VON MENSCHEN MIT BEHINDERUNG

4 BETREUUNG UND VERSORGUNG VON ALTEN MENSCHEN

1 BETREUUNG VON PERSONEN – HAUSWIRTSCHAFT NAH AM MENSCHEN

1 Einrichtungen

1.1 Kindertagesstätten

Die Arbeit in der Hauswirtschaft ist vielfältig und nah am Menschen. Zu den Aufgaben zählt das Erbringen von hauswirtschaftlichen Versorgungs- und Betreuungsleistungen in Privathaushalten oder in Einrichtungen der Kranken-, Alten- oder Kinderpflege. Dabei arbeiten Hauswirtschafter eigenständig oder zusammen mit Kollegen in einem interdisziplinären Team.

Unter dem Begriff „Versorgung" wird das Erbringen einer hauswirtschaftlichen Leistung verstanden, z. B. die Speisenzubereitung und Speisenausgabe in einem Schulhort.
Unter dem Begriff „Betreuung" wird die Unterstützung und Förderung von Personengruppen verstanden, um hauswirtschaftliche Tätigkeiten möglichst eigenständig zu verrichten, z. B. das gemeinsame Decken des Tisches durch Hauswirtschafter und Hortkinder.

Eine Kindertagesstätte ist eine Einrichtung zur Betreuung, Erziehung und frühkindlichen Bildung von Kindern vor oder außerhalb der Schulzeit. Die Einrichtungen zählen im deutschen Bildungssystem zum Elementarbereich. Zu den Kindertagesstätten zählen:
- Kinderkrippen (sechs Monate bis Vollendung des dritten Lebensjahres),
- Kindergärten (Vollendung des dritten Lebensjahres bis Einschulung),
- Kinder- und Schulhorte (ab dem Beginn der Einschulung).

In Kindertagesstätten und Schulen arbeiten pädagogisch geschulte Fachkräfte: Erzieherinnen, Kindheitspädagogen, Kinderpflegerinnen, Sozialpfleger und Heilpädagoginnen. Hauswirtschafter unterstützen die pädagogischen Fachkräfte bei der Betreuung und Versorgung der Kinder:
- Sie helfen bei der Speisenzubereitung und Essensausgabe und spülen Geschirr.
- Sie reinigen die Küchen-, Gemeinschafts- und Sanitärräume.
- Sie waschen und pflegen Textilien: die Küchenwäsche, Tischwäsche und ggf. Bettwäsche.

Kinderkrippen, Kindergärten und Kinderhorte

Kinderkrippen
- Betreuung von Kleinst- und Kleinkindern bis drei Jahre in kleinen Gruppen,
- feste Bezugsperson für das Kind während der Eingewöhnung,
- Füttern und Wickeln der Kinder,
- Sauberkeitserziehung,
- Sprache und Laufen lernen.

In Deutschland ist seit dem Inkrafttreten des Tagesbetreuungsausbaugesetzes (TAG) 2005 das Betreuungsangebot für Kinder unter drei Jahren ausgebaut worden. Viele neue Plätze wurden geschaffen, um die Tagesbetreuung für Kleinst- und Kleinkinder sicherzustellen. Seit 2013 haben Eltern einen Rechtsanspruch auf einen Krippenplatz für ihr Kind nach Vollendung des ersten Lebensjahres.

Kindergärten

- Betreuung von Kleinkindern und Vorschulkindern in größere Gruppen,
- Förderung der frühkindlichen und vorschulischen Bildung,
- Teilzeit- oder Vollzeitbetreuung,
- oftmals Angebot eines pädagogischen Konzeptes.

Kinderkrippen, Kindergärten und Kinderhorte sind der Kinder- und Jugendhilfe zugeordnet. Die Einrichtungen werden von öffentlichen oder freien Trägern unterhalten. Öffentliche Träger sind die Gemeinde (Kommune), freie Träger sind beispielsweise Kirchen, Caritas, Diakonie oder Elterninitiativen.

Kinderhorte

- Betreuung nach der Schule, in der Regel für Jahrgangsstufe 1 bis 4,
- ggf. bis zur Vollendung des 14. Lebensjahres,
- Versorgung mit Mahlzeiten,
- Hausaufgabenbetreuung,
- pädagogische Fördermaßnahmen,
- Kooperation und Zusammenarbeit mit der angeschlossenen Schule.

Hortplätze sind in Deutschland sehr beliebt und sehr gefragt. Nicht jede Schule bietet diese Art der nachschulischen Betreuung an. Es besteht kein Rechtsanspruch auf einen Hortplatz. Die Vergabe der Plätze richtet sich nach der Notwendigkeit für die Eltern.

TIPP

Betreuungsplätze für Kinder sind in vielen Gemeinden knapp. Deshalb bieten Jugendämter oder Erwachsenenbildungseinrichtungen Kurse zur Ausbildung als Tagesmutter/Tagesvater an. Erfüllen Sie alle Voraussetzungen, dürfen Sie als Tagesmutter bis zu fünf Kinder betreuen.

AUFGABE 1

Recherchieren Sie. Haben Eltern in Deutschland einen Rechtsanspruch auf einen Kindergartenplatz?

____

____

____

AUFGABE 2

Informieren Sie sich.

- Wie viele Kindergärten gibt es in Ihrer Gemeinde? ____________________
- Wer sind die jeweiligen Träger? ____________________
____
- Arbeiten in den Kindergärten Hauswirtschafterinnen? Wenn ja, welche Aufgaben übernehmen Hauswirtschafterinnen in den Betreuungseinrichtungen? ____________________
____
____

AUFGABE 3

Welche Voraussetzungen müssen Tagesmütter/Tagesväter erfüllen?

____
____
____

FAZIT

Kindertagesstätten sind Einrichtungen öffentlicher oder freier Träger zur Betreuung von Kindern. Je nach Alter können Kinder berufstätiger Eltern in einer Kinderkrippe, einem Kindergarten oder einem Kinderhort betreut werden. Der Fokus liegt in allen Einrichtungen auf Betreuung, Erziehung und Bildung.

1.2 Einrichtungen der Kinder- und Jugendhilfe

Die Kinder- und Jugendhilfe ist im Achten Buch des Sozialgesetzbuches (SGB VIII) verankert. Die Leistungen richten sich an Kinder, Jugendliche, junge Menschen, Eltern und Erziehungsberechtigte. Das Wohl des Kindes ist die Hauptaufgabe. Zu den Aufgaben und Leistungen der Kinder- und Jugendhilfe zählen beispielsweise:

- Beratung und erzieherischer Kinder- und Jugendschutz
- Jugendarbeit und Jugendsozialarbeit
- Schutz von Kindern und Jugendlichen in Einrichtungen

In Notlagen greift die Kinder- und Jugendhilfe ein.

Hauswirtschafter arbeiten oft in Einrichtungen der Kinder- und Jugendpflege. Sie sind neben pädagogischen Fachkräften zur Betreuung und Versorgung der Kinder und Jugendlichen eingesetzt. Zu ihren Aufgaben zählen:

- familienähnliche Strukturen festigen,
- gesunde Speisenzubereitung,
- Reinigung der Küchen-, Gemeinschafts- und Sanitärräume,
- Organisieren der Spielsachen und persönlichen Gegenstände der Kinder und Jugendlichen,
- Textilien kennzeichnen, waschen und pflegen,
- Jugendliche zur Mithilfe im Haushalt motivieren,
- Unterstützung der Jugendlichen, Mütter und Väter in alltäglichen Tätigkeiten,
- junge Mütter und Väter hauswirtschaftlich schulen und anleiten.

Zusammenarbeit von öffentlichen und freien Trägern

Die Aufgaben und Leistungen werden von öffentlichen und freien Trägern übernommen.

ÖFFENTLICHE TRÄGER	FREIE TRÄGER
setzen sich zusammen aus der Verwaltung des Jugendamtes und dem Jugendhilfeausschuss	z. B. Arbeiterwohlfahrt , Caritas, Paritätischer Wohlfahrtsverband, Deutsches Rotes Kreuz, Diakonie, Zentralwohlfahrtsstelle der Juden in Deutschland

AUFGABE **1**

In den sozialpädagogischen Einrichtungen der Kinder- und Jugendhilfe werden „familienähnliche Strukturen“ angestrebt und gefestigt. Wie definieren Sie den Begriff? Nennen Sie Beispiele.

AUFGABE **2**

a) Welche freien Träger der Kinder- und Jugendhilfe sind an Ihrem Wohnort vertreten?

b) Welche Leistungen erbringen sie?

FAZIT
Die Kinder- und Jugendhilfe setzt sich aus öffentlichen und freien Trägern zusammen. In Tagesstätten, Wohngruppen oder Kinderheimen arbeiten pädagogische Fachkräfte und Hauswirtschafterinnen im Team zusammen.

1.3 Betreutes Wohnen und alternative Wohnformen

Betreutes Wohnen

Jeder Mensch hat ein Recht auf ein selbstbestimmtes Leben und auf die Wahl der Wohnform. Ist aufgrund von Krankheit, Behinderung oder einer besonderen Lebenssituation ein eigenständiges Leben nicht möglich, gibt es das Angebot des betreuten Wohnens. Ziel des betreuten Wohnens ist es, die Eigenständigkeit so gut es geht zu erhalten und zu fördern. Beim betreuten Wohnen erhalten die Personen Hilfe und Unterstützung bei alltäglichen Aufgaben, z. B.:

- im Haushalt,
- bei der Wäschepflege,
- beim Einkauf,
- bei der täglichen Hygiene,
- bei Behördengängen und Gerichtsterminen,
- bei Bankgeschäften,
- bei Freizeitaktivitäten.

Die Betreuung erfolgt durch Pflegekräfte, Therapeuten, Erzieher, Sozialarbeiter, Heilpädagogen und weiteres Personal, z. B. Hauswirtschafter. Betreute Wohnformen gibt es für folgende Personengruppen:

- junge Menschen,
- alte Menschen,
- kranke Menschen,
- psychisch kranke Menschen,
- Menschen mit seelischer Behinderung,
- Menschen mit geistiger Behinderung,
- Menschen mit körperlicher Behinderung,
- obdachlose Menschen.

Die Betreuung findet in der eigenen Wohnung oder in einer Einrichtung statt.

AMBULANTES BETREUTES WOHNEN

Betreuung in der eigenen Wohnung

- *begleitetes Einzelwohnen*
- *begleitetes Familienwohnen*
- *Wohnen mit Assistenz*

BETREUTES WOHNEN IN EINRICHTUNGEN

Betreuung in Wohngemeinschaften

- *therapeutische Wohngemeinschaften*
- *stundenweise Betreuung (teilstationär)*
- *dauerhafte Betreuung, 24 Stunden (stationär)*

Alternative Wohnformen

Betreutes Wohnen bedeutet, Eigenständigkeit zu erhalten und zu fördern.

Neben den traditionellen Wohnformen, dem Familienhaushalt, dem Single-Haushalt oder der Wohngemeinschaft gibt es alternative Formen des Wohnens. Diese sind z. B.:

- Mehrgenerationen-Wohnen,
- Senioren-Wohngemeinschaften,
- Wohnprojekte.

Beim Mehrgenerationen-Wohnen leben Menschen verschiedener Generationen in einem (Groß-)Haushalt zusammen. Dadurch profitieren berufstätige Familien mit Kindern und ältere Menschen mit Pflegebedarf. In Senioren-Wohngemeinschaften leben Senioren unterschiedlichen Alters zusammen, helfen sich gegenseitig und genießen die Gesellschaft. Wohnprojekte sind besondere Wohnformen, bei welchen ein gemeinsames Ziel verfolgt bzw. eine gemeinsame Überzeugung umgesetzt wird. Das ist beispielsweise das Leben in der Gemeinschaft auf einem großen Bauernhof, in einer Cohousing-Siedlung oder einem Öko-Dorf.

AUFGABE 1

Überlegen Sie. Bei welchen hauswirtschaftlichen Tätigkeiten haben Menschen im Rollstuhl womöglich Schwierigkeiten, diese eigenständig auszuführen? Kreuzen Sie an.

- ◯ Gardinen abhängen
- ◯ Tisch decken
- ◯ Staubsaugen
- ◯ Staub wischen
- ◯ Waschbecken reinigen
- ◯ Geschirrspüler ausräumen
- ◯ Kuchen backen
- ◯ Abfall leeren
- ◯ Spiegelschrank im Badezimmer reinigen
- ◯ Wäsche bügeln

AUFGABE 2

Wie stellen Sie sich Ihr Leben im Alter vor? Sprechen Sie in der Lerngruppe über Ihre Wünsche und Vorstellungen.

FAZIT

Das betreute Wohnen ist eine besondere Wohnform für Menschen, die kurz- oder langfristig Hilfe und Unterstützung bei der Bewältigung des Lebensalltages benötigen. Ziel ist, die Eigenständigkeit zu erhalten und zu fördern. Alternative Wohnformen sind z. B. das Mehrgenerationen-Wohnen, die Senioren-WG oder Wohnprojekte.

1.4 Kur- und Rehabilitationseinrichtungen

Kur- und Rehabilitationskliniken zählen in Deutschland zu Einrichtungen des Gesundheitswesens. Diese Einrichtungen dienen zur Vorsorge und Wiederherstellung der Gesundheit. Ein Aufenthalt dauert mehrere Wochen und ist ambulant, teilstationär oder stationär. Die Kostenübernahme der Kur bzw. Reha übernimmt:

- die gesetzliche oder private Krankenversicherung,
- die gesetzliche oder private Unfallversicherung,
- die gesetzliche Rentenversicherung,
- die Beihilfe.

Reha = Kurzwort für Rehabilitation

Wussten Sie?

Kur- und Rehakliniken unterscheiden sich. Kurkliniken dienen zur Vorsorge und zum Erhalt der Gesundheit. Rehakliniken dienen zur Wiederherstellung und Verbesserung der Gesundheit.

In den Kliniken wird im Rahmen der Ergo- und Beschäftigungstherapie sehr oft Haushaltstherapie angeboten. In Lehrküchen werden die Patienten von Therapeuten und Hauswirtschaftern betreut und angeleitet. So kann nach einem Unfall oder Schlaganfall die Eigenständigkeit trainiert und gefördert werden. Schrittweise wird die Arbeitsbelastung erhöht. Therapeuten beobachten und beurteilen den Fortschritt der Therapie. Durch die Zusammenarbeit in der Gruppe werden soziale Kompetenzen gefördert. Zu den hauswirtschaftlichen Tätigkeiten in der Therapie zählen:

- Einkaufen von Lebensmitteln,
- Planen von Mahlzeiten,
- Lagern von Lebensmitteln,
- Zubereiten von Speisen,
- Reinigen von Küche, Wohnräumen und Sanitärräumen,
- Waschen und Glätten von Textilien.

Arbeitstherapie in Kur- und Rehakliniken zum (Wieder-)Erlernen hauswirtschaftlicher Tätigkeiten

AUFGABE 1

Welche Einrichtung des Gesundheitswesens ist zuständig? Ordnen Sie die Personen den Einrichtungen (1) Kurklinik oder (2) Rehabilitationsklinik zu.

- ◯ Person A hat chronisches Rheuma.
- ◯ Person B hat einen Schlaganfall erlitten.
- ◯ Person C hat Diabetes.
- ◯ Person D hat bei einem Autounfall ein Bein verloren.
- ◯ Person E hat schwere Rückenprobleme.
- ◯ Person F hat Asthma.
- ◯ Person G hatte eine Lungenentzündung.
- ◯ Person H hat Schuppenflechte.
- ◯ Person I kämpft mit Depressionen.

AUFGABE **2**

Verbinden Sie die Berufe mit den Tätigkeiten.

Ergotherapeut	Trainieren von Alltagstätigkeiten, Trainieren von Wahrnehmung und Gedächtnis, Trainieren der Hilfe zur Selbsthilfe
Logopäde	Krankengymnastik, physikalische Therapie und Bewegungstherapie
Physiotherapeut	Verbesserung der Sprachqualität, Rückbildung fehlerhafter Sprechmuster, Normalisierung aller Sprachstörungen

FAZIT

Eine Kur ist eine Vorsorgemaßnahme zum Erhalt der Gesundheit, bevor eine Krankheit auftritt. Eine Reha ist eine Maßnahme zur Wiederherstellung der Gesundheit nach einer Krankheit oder einem Unfall. In der Haushaltstherapie wird eigenständiges Arbeiten trainiert, die Arbeitsbelastung getestet und es werden soziale Kompetenzen gefördert. Die Patienten werden von ausgebildeten Therapeuten und hauswirtschaftlichen Fachkräften betreut.

1.5 Altenpflegeeinrichtungen

Mit fortschreitendem Alter treten häufig gesundheitliche Probleme und Krankheiten auf. Dadurch nimmt die Selbstständigkeit ab und die Pflegebedürftigkeit zu. Oft können Ehepartner, Angehörige oder ehrenamtliche Helfer die Pflege nicht mehr leisten und es muss über einen Umzug in eine spezielle Einrichtung für alte pflegebedürftige Menschen nachgedacht werden. Altenpflegeeinrichtungen sind:

- betreutes Wohnen und alternative Wohnformen,
- Tagespflege, Nachtpflege, Kurzzeitpflege,
- Pflegeheim, Seniorenheim, Altenheim, Hospiz.

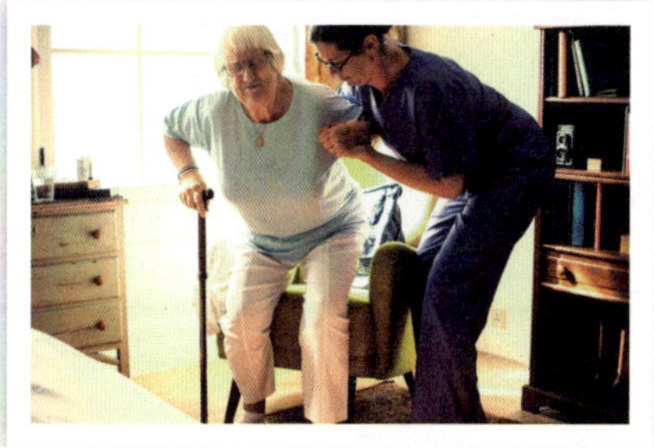

Hauswirtschafter unterstützen die professionellen Pflegekräfte.

Wussten Sie?

Besonders gut ausgestattete und noble Pflegeheime bezeichnen sich als Seniorenresidenzen. Sie bieten viele Freizeitmöglichkeiten, gehobene Ausstattung, umfangreichere Betreuung und hotelähnlichen Service. Diese Einrichtungen sind sehr teuer und aufgrund dessen nicht für alle Senioren zugänglich.

In diesen Einrichtungen arbeiten professionelle Pflegekräfte. Hauswirtschafter unterstützen die Pflegekräfte beim Versorgen und Betreuen der alten Menschen:

- bei der Reinigung der Räume,
- bei der Wäschepflege der Bewohnerwäsche und der Heimwäsche,
- beim An- und Auskleiden,
- bei der täglichen Hygiene,
- bei leichten pflegerischen Tätigkeiten,
- bei den Mahlzeiten,
- bei der Freizeitgestaltung,
- bei der Gestaltung und Dekoration der Privat- und Gemeinschaftszimmer,
- bei der Planung und Gestaltung von Festen und Feiern,
- bei der Förderung sozialer Kontakte.

Wussten Sie?

Die Pflegeeinrichtungen sind oft das letzte Zuhause für alte Menschen. Der Umzug und das Einfinden in die neue Umgebung sind für alte Menschen nicht leicht. Sie wehren sich oft sehr gegen den Umzug und nehmen die neue Situation nicht an. Die Gestaltung des Bewohnerzimmers muss deswegen liebevoll, wertschätzend und mit vielen persönlichen Gegenständen erfolgen. Der Umgang mit persönlichen Dingen wie Möbeln oder Kleidung muss achtsam und professionell sein, da mit den Gegenständen viele Erinnerungen verknüpft sind.

Persönliche Gegenstände sind wichtig für das Wohlbefinden im Pflegeheim.

AUFGABE 1

Sie arbeiten im Pflegeheim. Es ist die Regel, dass keine Möbelstücke mitgebracht werden dürfen. Wie können Sie mithelfen, damit sich die Bewohner trotzdem heimisch und wohl fühlen?

____

____

____

FAZIT

Im Alter nimmt die Pflegebedürftigkeit zu. Die Pflege erfolgt entweder zu Hause durch Angehörige oder in einer Altenpflegeeinrichtung. Zu den Altenpflegeeinrichtungen zählen das betreute Wohnen, Kurzzeitpflege und Pflegeheime. Die Finanzierung der Pflege wird unter anderem von der Pflegeversicherung übernommen.

2 Anforderungen und persönliche Voraussetzungen

2.1 Handlungskompetenzen und Schlüsselqualifikationen

Die Arbeit in der Hauswirtschaft ist geprägt durch vielfältige Einsatzbereiche, Zusammenarbeit mit unterschiedlichen Berufsgruppen und der täglichen Arbeit nah am Menschen. In der Berufsausbildung der Hauswirtschaft werden wichtige Schlüsselqualifikationen für den Beruf vermittelt und erworben. Diese sind nötig, um im Berufsleben kompetent und professionell handeln zu können. Doch nicht nur in der Arbeitswelt, auch im privaten, familiären und sozialen Umfeld ist kompetentes Handeln wichtig. Handlungskompetenz bedeutet:

- Leben selbstverantwortlich planen,
- Leben individuell gestalten,
- sozial verantwortlich handeln,
- Kenntnisse und Fertigkeiten im Leben und Beruf nutzen,
- berufliche Situationen kompetent meistern.

Handlungskompetenz wird erreicht durch:

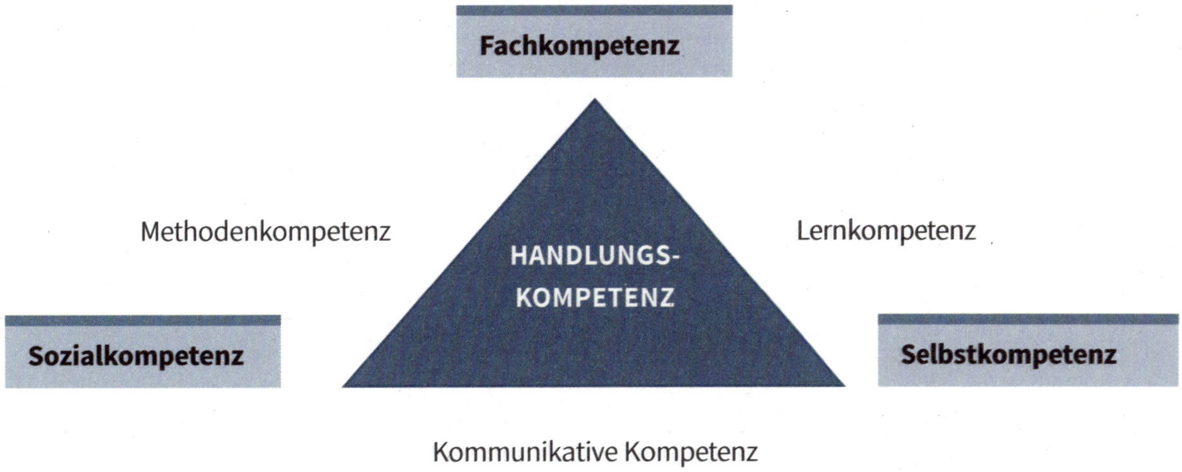

Wussten Sie?
Nur durch eine Verknüpfung von Fach-, Selbst- und Sozialkompetenz wird Handlungskompetenz erreicht. Lern-, Methoden- und kommunikative Kompetenz fließen in Fach-, Selbst- und Sozialkompetenz mit ein.

BEISPIELE:

Lernkompetenz	Methodenkompetenz	Kommunikative Kompetenz
• Notizen machen • wichtige Informationen unterstreichen • Wichtiges zusammenfassen • Zusammenhänge verstehen • Lerntechniken entwickeln • Lernstrategien anwenden • eigenen Lerntyp kennen und Wissen darüber beim Lernen nutzen	• Recherche mit geeigneten Quellen betreiben • Informationen aufbereiten und präsentieren • Ergebnisse ansprechend und informativ präsentieren • neue Medien nutzen • Medien kompetent bedienen und nutzen	• Texte verstehen • aktiv und wertschätzend zuhören • bei Unklarheiten nachfragen • höflich bleiben • Gedanken, Wünsche und Vorschläge offen kommunizieren • überzeugen, durchsetzen • Konflikte lösen

2.1.1 Fachkompetenz

Fachkompetenz
Bereitschaft und Fähigkeit, auf der Grundlage fachlichen Wissens und Könnens Aufgaben und Probleme zielorientiert, sachgerecht, methodengeleitet und selbstständig zu lösen und das Ergebnis zu beurteilen.

Quelle: Sekretariat der Ständigen Konferenz der Kultusminister der Länder in der Bundesrepublik Deutschland (Hrsg.): Rahmenlehrplan für den Ausbildungsberuf Hauswirtschafter und Hauswirtschafterin (Beschluss der Kultusministerkonferenz vom 13.12.2019), S. 5, unter: https://www.kmk.org/fileadmin/Dateien/pdf/Bildung/BeruflicheBildung/rlp/Hauswirtschaft-19-12-13_EL.pdf [Letzter Zugriff: 11.05.2021].

Fachkompetenz ist das Anwenden von theoretischem Wissen und praktischem Können.

BEISPIELE:

- fachlich richtiger Umgang mit Reinigungsgeräten, z. B. Einscheibenmaschinen
- fachlich richtiger Einsatz geeigneter Reinigungsmittel, z. B. beim Reinigen von Sanitärräumen
- Einhalten von Unfallverhütungsmaßnahmen, z. B. beim Fensterreinigen
- Bügeln eines Hemdes
- Einhalten von Grundsätzen der Arbeitsergonomie
- Führen eines Haushaltsbuches
- Instandsetzen eines Kleidungsstückes mit defektem Reißverschluss

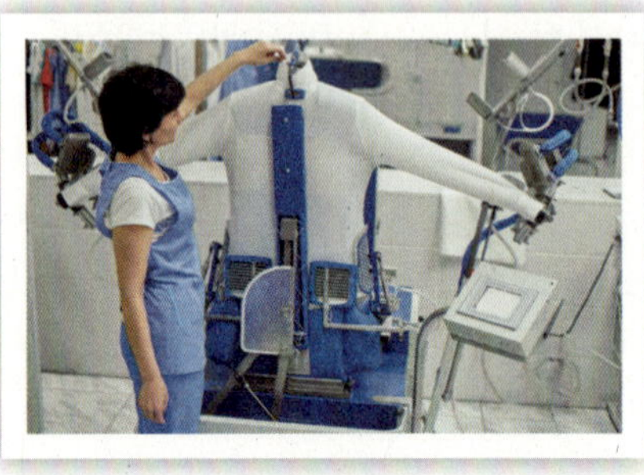

Fachkompetenzen in der Hauswirtschaft: Hemden-Finisher bedienen, Zwiebeln würfeln und Reißverschluss einnähen

Wussten Sie?
Fachkompetenzen werden auch als berufliche Kompetenzen oder Hard Skills bezeichnet.

AUFGABE **1**
Welche Hard Skills haben Sie in Ihrer Ausbildung bereits erlernt und praktisch angewandt?

____

____

FAZIT
Die Fachkompetenz ist eine der drei Handlungskompetenzen. Unter Fachkompetenz wird das Anwenden von theoretischem Wissen und praktischem Können verstanden. Nur durch die Verknüpfung der Fachkompetenz mit Selbst- und Sozialkompetenz wird Handlungskompetenz erreicht.

2.1.2 Selbstkompetenz

Selbstkompetenz
Bereitschaft und Fähigkeit, als individuelle Persönlichkeit die Entwicklungschancen, Anforderungen und Einschränkungen in Familie, Beruf und öffentlichem Leben zu klären, zu durchdenken und zu beurteilen, eigene Begabungen zu entfalten sowie Lebenspläne zu fassen und fortzuentwickeln. Sie umfasst Eigenschaften wie Selbstständigkeit, Kritikfähigkeit, Selbstvertrauen, Zuverlässigkeit, Verantwortungs- und Pflichtbewusstsein. Zu ihr gehören insbesondere auch die Entwicklung durchdachter Wertvorstellungen und die selbstbestimmte Bindung an Werte.

Quelle: Sekretariat der Ständigen Konferenz der Kultusminister der Länder in der Bundesrepublik Deutschland (Hrsg.): Rahmenlehrplan für den Ausbildungsberuf Hauswirtschafter und Hauswirtschafterin (Beschluss der Kultusministerkonferenz vom 13.12.2019), S. 5, unter: https://www.kmk.org/fileadmin/Dateien/pdf/Bildung/BeruflicheBildung/rlp/Hauswirtschaft-19-12-13_EL.pdf [Letzter Zugriff: 11.05.2021].

Selbstkompetenz beschreibt alle Schlüsselqualifikationen, die die eigene Person betreffen.

BEISPIELE:
- Pünktlichkeit
- Höflichkeit
- Pflichtbewusstsein
- Kreativität
- Zuverlässigkeit
- Ausdauerfähigkeit
- Selbstdisziplin
- Geduld
- Organisationsfähigkeit und Ordentlichkeit
- Problemlösefähigkeit

- Improvisationsvermögen
- Flexibilität und schnell auf neue Situationen einstellen können
- Souveränität und selbstbewusst Entscheidungen fällen können
- Fehler zugeben können
- eigene Ideen einbringen können
- Fähigkeit zur Selbstreflexion
- Stress gut bewältigen können (Resilienz)

Resilienz = psychische Widerstandskraft

Wichtige Eigenschaften für den Beruf der Hauswirtschafterin: zuverlässig, ordentlich und organisiert sein

AUFGABE 1

Wo liegen Ihre Stärken, wo liegen Ihre Schwächen? Ordnen Sie die im Kapitel aufgezählten Selbstkompetenzen in die Tabelle ein.

Meine Stärken	Meine Schwächen

Darüber habe ich noch nicht nachgedacht/ich kann mich schlecht selbst einschätzen:

____

____

____

AUFGABE 2
Nutzen Sie Ihre Fähigkeit zur Selbstreflexion. Wie können Sie Ihre Schwächen in Stärken umwandeln?

FAZIT
Unter Selbstkompetenz werden alle Kompetenzen verstanden, die die eigene Person betreffen. Nur durch die Verknüpfung der Selbstkompetenz mit Selbst- und Fachkompetenz wird Handlungskompetenz erreicht.

2.1.3 Sozialkompetenz

Sozialkompetenz
Bereitschaft und Fähigkeit, soziale Beziehungen zu leben und zu gestalten, Zuwendungen und Spannungen zu erfassen und zu verstehen sowie sich mit anderen rational und verantwortungsbewusst auseinanderzusetzen und zu verständigen. Hierzu gehört insbesondere auch die Entwicklung sozialer Verantwortung und Solidarität.

Quelle: Sekretariat der Ständigen Konferenz der Kultusminister der Länder in der Bundesrepublik Deutschland (Hrsg.): Rahmenlehrplan für den Ausbildungsberuf Hauswirtschafter und Hauswirtschafterin (Beschluss der Kultusministerkonferenz vom 13.12.2019), S. 5, unter: https://www.kmk.org/fileadmin/Dateien/pdf/Bildung/BeruflicheBildung/rlp/Hauswirtschaft-19-12-13_EL.pdf [Letzter Zugriff: 11.05.2021].

Sozialkompetenz beschreibt alle Schlüsselqualifikationen, die soziale Beziehungen aller Art betreffen.

BEISPIELE:
- Teamfähigkeit und Kooperationsfähigkeit
- Kommunikationsfähigkeit
- Kritikfähigkeit
- Konfliktlösefähigkeit und Kompromissfähigkeit
- Integrationsfähigkeit
- Hilfsbereitschaft
- Empathie- und Einfühlungsvermögen und emotionale Intelligenz
- Motivationsfähigkeit
- Akzeptanz und Toleranz
- Respekt und Wertschätzung
- frei von Vorurteilen, Unvoreingenommenheit
- Treue und Loyalität
- Rücksichtnahme und Zuvorkommenheit
- Fairness und Aufrichtigkeit
- Taktgefühl

Einfühlungsvermögen, Teamfähigkeit und Kompromissfähigkeit sind wichtige Sozialkompetenzen bei der Arbeit mit Menschen.

Wussten Sie?
Selbst- und Sozialkompetenzen werden auch als Soft Skills bezeichnet.

AUFGABE **1**

Vervollständigen Sie den Dialog mit den folgenden Wörtern.
Demenz – Situation – abzuhalten – Krankenhaus – Mittagspause – Problem – Geschichten – Stress – Team – Aufenthaltsraum – zusammen – Verständnis – beschwert – allein – Tee – unhöflich – Aufgaben – Schwiegermutter

„Hallo Mia!"

„Hallo Moritz. Wie geht es dir heute?"

„Ach, ganz gut. Gestern hatte ich einen nicht so guten Tag. Das hast du vielleicht gehört. Es gab Ärger mit dem Chef."

„Ja, darüber ist im ________________ gesprochen worden. Was ist denn genau passiert?"

„Frau Bauer aus Raum 8 redet doch so gerne. Aber ich hatte so viel zu tun gestern Vormittag. Also habe ich ihr nur kurz den ________________ gebracht und wollte sofort weiter. Frau Bauer wollte aber gerne plaudern, hat immer wieder versucht mich von der Arbeit ________________."

„Ach ja, das kenne ich. Die ist so ________________ und freut sich jedes Mal so, wenn jemand Zeit hat."

„Ich hatte aber keine Zeit."

„Wie hast du denn reagiert?"

„Na, ich habe ihr gesagt, dass ich jetzt weitermuss und sie mir Ihre ________________ ja schon mal erzählt hat."

„Oh je, das ist sicher nicht so gut angekommen."

„Nein. Sie hat sich bei Herrn Schleiermann ________________ und gesagt, dass ich sehr ____________ bin. Herr Schleiermann hat daraufhin mit mir gesprochen und mir erklärt, dass ich zu Frau Bauer netter und höflicher sein muss – auch wenn ich keine Zeit habe und im ______________ bin. Aber wenn ich nicht so viel Arbeit und Stress gehabt hätte, hätte ich ja auch mit ihr geplaudert. Und hätte mir ihre Geschichten zum fünften Mal angehört."

„Ich kenne das ______________ und verstehe dich. Versuche doch nächstes Mal Frau Bauer deine ______________ zu erklären – sie hat sicher ______________ für dich. Sie hat früher auch mal im ______________ gearbeitet, wusstest du das? Außerdem hat sie ihre ______________ gepflegt. Die hatte sehr schlimm ______________."

„Das wusste ich gar nicht. Ich muss ihr mal zuhören und mir eventuell doch kurz Zeit nehmen. Ich habe nur Angst, dass ich dann meine ______________ nicht schaffe bis zur ______________."

„Wenn du deine Arbeit nicht schaffst, dann helfen wir einfach alle ______________. Das machen wir immer. Wir sind nämlich ein großartiges ______________!"

AUFGABE **2**

Welche Selbst- und Sozialkompetenzen besitzen Mia und Moritz? Zählen Sie auf.

→ Mia: ____

____

____

→ Moritz: ____

____

____

AUFGABE **3**

An welchen Soft Skills kann Moritz noch arbeiten?

____

FAZIT

Unter Sozialkompetenz werden alle Kompetenzen verstanden, die die sozialen Beziehungen betreffen. Nur durch die Verknüpfung der Sozialkompetenz mit Selbst- und Fachkompetenz wird Handlungskompetenz erreicht.

2.2 Umgangsformen und Tischsitten

Im privaten, gesellschaftlichen und beruflichen Bereich treffen Menschen in den unterschiedlichsten Situationen aufeinander. Um diese Situationen möglichst angenehm für alle Beteiligten zu gestalten, ist das Einhalten bestimmter Verhaltensweisen notwendig. Diese Verhaltensweisen haben sich über die Jahrhunderte entwickelt und verändert. In anderen Ländern und Kulturen gelten oft andere Verhaltensweisen als höflich.

Wussten Sie?
Interkulturelle Kompetenz bezeichnet die Fähigkeit, soziale Situationen mit Menschen aus anderen Kulturkreisen angenehm und wertschätzend zu gestalten.

Verhaltensregeln helfen, Begegnungen angenehm zu gestalten.

Umgangsformen

Umgangsformen sind von der Gesellschaft aufgestellte, gute Verhaltensformen in sozialen Situationen. Zu den guten Umgangsformen zählen viele Schlüsselqualifikationen aus den vorangegangenen Kapiteln, z. B. Respekt, Höflichkeit, Pünktlichkeit und Kommunikationsfähigkeit. Schlechte Umgangsformen werden gleichgesetzt mit schlechtem Benehmen, Unhöflichkeit und Respektlosigkeit.
Umgangsformen werden ausgedrückt durch:

- Wortwahl,
- Gestik,
- Mimik,
- Blickkontakt,
- Körpersprache,
- Körperhaltung.

Wussten Sie?
Formelle Umgangsformen werden üblicherweise im beruflichen und öffentlichen Umfeld an den Tag gelegt. Im privaten und familiären Umfeld gelten informelle Umgangsformen.

Als allgemein gute Umgangsformen gelten:

- sich höflich ausdrücken: „Bitte“, „Danke“ und „Entschuldigung/Entschuldigen Sie“ sagen,
- pünktlich sein: mit der Zeit anderer Menschen rücksichtsvoll umgehen,
- freundlich und aufgeschlossen gegenüber neuen Mitmenschen sein,
- rücksichtsvoll und hilfsbereit handeln,
- auf die Körpersprache achten: aufrechte Körperhaltung, Hände aus den Taschen nehmen,
- nicht laut Gähnen,
- in die Ellenbeuge husten oder niesen,
- bei geschlossenen Türen anklopfen und auf Antwort warten.

Tischsitten

Umgangsformen bei Tisch werden auch als Tischsitten oder Tischmanieren bezeichnet. Besonders ältere Menschen legen Wert auf gute Tischmanieren. Für jüngere Menschen sollte man Vorbild sein und Wert auf das Einhalten der Tischsitten legen.

- aufrecht sitzen, Hände über dem Tisch halten und Ellenbogen nicht auf dem Tisch ablegen,

- die Speisen zum Mund führen – nicht den Kopf zum Teller,
- leise, langsam und mit geschlossenem Mund kauen,
- nicht mit vollem Mund sprechen,
- Serviette zum Mundabtupfen verwenden.

Zusammen speisen – Tischsitten beachten

AUFGABE 1
Verbinden Sie die Satzteile zu allgemein geltenden Umgangsformen im deutschen Kulturkreis.

pünktlich sein:	„Bitte“, „Danke“ und „Entschuldigung/Entschuldigen Sie“ sagen
Gespräche richtig führen:	gegenüber neuen Mitmenschen sein
bei geschlossenen Türen	handeln
sich höflich ausdrücken:	mit der Zeit anderer Menschen rücksichtsvoll umgehen
in die Ellenbeuge	aktiv zuhören, andere ausreden lassen, angebrachte Wortwahl
auf die Körpersprache achten:	anklopfen und auf Antwort warten
freundlich und aufgeschlossen	aufrechte Körperhaltung, Hände aus den Taschen nehmen
rücksichtsvoll und hilfsbereit	husten oder niesen

FAZIT
Jeder Mensch ist anders und jede Begegnung verläuft anders. Höflichkeit, Freundlichkeit und das Einhalten der Verhaltensregeln helfen, jede Situation und Begegnung gut zu meistern. Zu den Verhaltensweisen zählen gute Umgangsformen, Manieren und Tischsitten.

2.3 Kommunikation, Gesprächsführung und Konfliktlösung

Kommunikation

Das Wort „Kommunikation“ kommt aus dem Lateinischen und bedeutet „Mitteilung“. Wann immer Mitteilungen und Informationen übertragen werden, spricht man von Kommunikation. Die Information wird vom Sender zum Empfänger geschickt:

Die Information wird vom Sender zu mehreren Empfängern geschickt:

SENDER

↓ ↓ ↓ ↓ ↓

Empfänger | Empfänger | Empfänger | Empfänger | Empfänger

Kommunikation ist die Grundlage für jede zwischenmenschliche Begegnung. Kommuniziert wird immer, auch wenn nicht gesprochen wird. Kommunikation läuft nämlich bewusst und unbewusst ab. Auch wenn wir nicht aktiv kommunizieren, senden wir Informationen an den Empfänger.

> „Man kann nicht nicht kommunizieren."

Quelle: Paul Watzlawick, Janet H. Beavin, Don D. Jackson: Menschliche Kommunikation, Huber Verlag, Bern Stuttgart Wien, 1969, S. 53. Paul Watzlawick (1921–1970) war Kommunikationswissenschaftler.

Nonverbale Kommunikation hat viele Gesichter

Kommunikation kann durch Sprache, Worte, Zeichen, Schrift, Blickkontakt, Mimik, Gestik oder Körpersprache erfolgen. Kommunikation lässt sich in verbale und nonverbale Kommunikation einteilen:

EBENE 1	EBENE 2
Verbale Kommunikation:	**Nonverbale Kommunikation:**
Sprache	Blickkontakt
Worte	Mimik
Zeichen	Gestik
Schrift	Körpersprache

Nonverbale Kommunikation bei Kleinkindern

Verbale und nonverbale Kommunikation durch Blickkontakt, Mimik und Körpersprache

Es wird noch dazu auf einer dritten Ebene (halbverbale Kommunikation) kommuniziert: Durch die persönliche Art und Weise der Sprache, also durch Stimmlage, Lautstärke und Sprechtempo werden auch Informationen gesendet.

BEISPIELE:

- schrille, hohe Stimme: Aufregung, Furcht
- leise Stimme: Angst, Heimlichtuerei
- schnelles Sprechtempo: Ungeduld, fehlendes Einfühlungsvermögen (z. B. Empfänger mit anderer Muttersprache als Deutsch)

Besonders in Betreuungssituationen ist es wichtig, die Informationen aller drei Ebenen richtig zu senden und zu empfangen. Menschen mit Behinderung, alte oder kranke Menschen können oft nur noch eingeschränkt kommunizieren. Gute Kommunikationskompetenz ist daher bei der Arbeit und Zusammenarbeit mit Menschen eine der wichtigsten Schlüsselqualifikationen im Beruf des Hauswirtschafters.

Wussten Sie?
Die Gebärdensprache ist eine Kombination aus verbaler und nonverbaler Kommunikation. Schwerhörende und nicht hörende Menschen nutzen diese Sprache.

Gebärdensprache

Gesprächsführung

Verbale Kommunikation erfolgt in Form von Gesprächen. Ein Gespräch kann durch Sprechen, aber auch durch Schrift (z. B. in Form eines Briefes oder einer E-Mail) erfolgen. In einem Gespräch geht es um ein Thema, das Gesprächsthema. Gespräche können in Privatgespräche und berufliche Gespräche eingeteilt werden. Zu einem Gespräch zählen Sender und Empfänger, beide sind Gesprächspartner bzw. die Gesprächsteilnehmer.

SENDER ⇄ EMPFÄNGER

Eine angenehme Gesprächsatmosphäre und Gesprächsregeln helfen, Gespräche erfolgreich zu führen.

Gut	Nicht gut
• wertschätzend, höflich und respektvoll kommunizieren • langsam, klar und deutlich sprechen • aktiv zuhören • Interesse zeigen • die andere Person ausreden lassen • Blickkontakt halten • das Gesprochene mit Mimik und Gestik unterstützen • nonverbal kommunizieren, z. B. Nicken • Missverständnisse vermeiden, sich klar ausdrücken • Lächeln • Ich-Botschaften senden • offene Fragen stellen (können nicht mit Ja/ Nein beantwortet werden) • Rückfragen stellen • Sprechpausen einlegen • Aussagen zusammenfassen	• nur „mit einem Ohr“ zuhören • Blickkontakt unterbrechen, wegblicken • eigene Meinung unterbreiten • nebenbei andere Sachen erledigen • ins Wort fallen, unterbrechen • Thema wechseln • vom Thema abschweifen • Du-Botschaften senden • leise, zu schnell und undeutlich sprechen • geschlossene Fragen stellen (werden mit Ja/ Nein beantwortet) • mit vollem Mund sprechen • Desinteresse zeigen (durch Mimik, Gestik und Körperhaltung) • knappe, einsilbige, genervte Antworten geben • negative Sprache, z. B. „Ich habe wenig Zeit“, „Beeilen Sie sich“, „Wie ungeschickt von Ihnen“, „Sie müssen …“

Konfliktlösung

Nicht immer laufen Gespräche erfolgreich und zufriedenstellend für alle Gesprächspartner ab. Misskommunikation und Konflikte können auftreten. Die Lösung des Konflikts steht nun im Vordergrund.

Möglichkeiten zur Konfliktlösung in Gesprächen:

- Probleme benennen,
- beide Ansichten ernst nehmen,
- nicht verallgemeinern („Aber das ist hier immer so …“),
- auf der Sachebene kommunizieren,
- keine Schuldzuweisungen machen,
- Gefühle, Reaktionen und Erregung kontrollieren, nicht laut und wütend werden,
- nicht beleidigend, unfair oder verletzend sein,
- gemeinsamen Nenner finden, kompromissbereit sein,
- Alternativen anbieten, Flexibilität zeigen,
- einen dritten, unparteiischen Gesprächspartner hinzuziehen,
- Konflikte nicht „verschleppen“, sondern umgehend lösen.

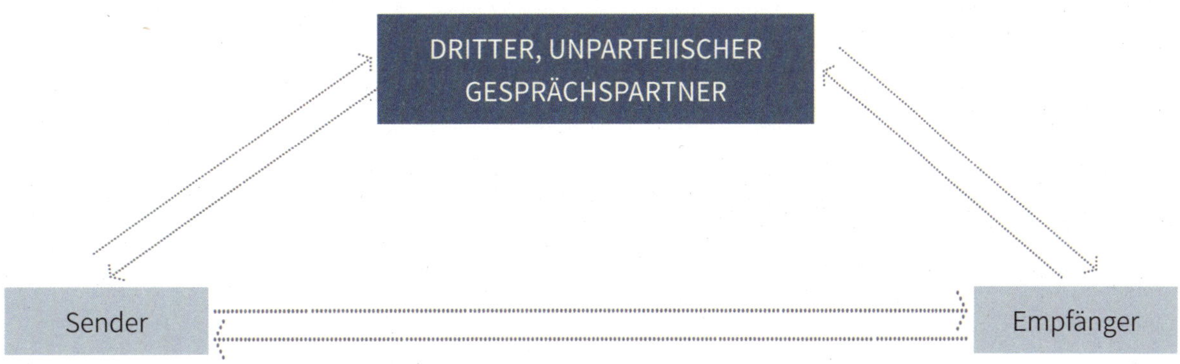

AUFGABE **1**

Welche Menschen können nur eingeschränkt kommunizieren?

____

____

Wussten Sie?

Du-Botschaften werden vom Empfänger oft als wertend, anklagend und angreifend wahrgenommen. Ich-Botschaften sollten ehrliche, wertfreie und achtsame Aussagen des Senders.

AUFGABE **2**

Formulieren Sie die folgenden Du-Botschaften zu Ich-Botschaften um.

BEISPIEL:

Du-Botschaft: *Du lässt immer die Tür offen stehen.*
Ich-Botschaft: *Ich würde es schön finden, wenn du die Tür immer schließen würdest.*

a) Du-Botschaft: *Du hast doch einfach keine Ahnung von der Sache.*

Ich-Botschaft: ____________________________________

____

b) Du-Botschaft: *Sie haben mich falsch verstanden.*

Ich-Botschaft: ______________________________

____

c) Du-Botschaft: *Du machst mich wahnsinnig mit deinem Verhalten.*

Ich-Botschaft: ______________________________

____

d) Du-Botschaft: *Sie können das nicht machen, das ist gefährlich.*

Ich-Botschaft: ______________________________

____

FAZIT

Jede Übertragung von Informationen wird als Kommunikation bezeichnet. Kommunikation erfolgt auf drei Ebenen. Eine angenehme Gesprächsatmosphäre und das Einhalten von Gesprächsregeln helfen, Gespräche erfolgreich zu führen. Konflikte müssen umgehend auf der Sachebene, mit Kompromissbereitschaft und Fairness gelöst werden.

2.4 Arbeit im Team – interdisziplinäre Zusammenarbeit mit Fachkräften

Die Zusammenarbeit in der Hauswirtschaft erfolgt mit Fachkräften aus den unterschiedlichsten Berufen. Im Bereich „Betreuung" besteht das Team meistens aus Fachkräften aus dem medizinischen, pflegerischen, therapeutischen und hauswirtschaftlichen Bereich.

Wussten Sie?
Unter interdisziplinärer Zusammenarbeit versteht man die Zusammenarbeit von Personen aus unterschiedlichen Disziplinen (Berufen). Bei der interdisziplinären Zusammenarbeit profitieren alle Mitarbeiterinnen vom Wissen und Können der anderen Disziplinen und verfolgen ein gemeinsames Ziel.

Interdisziplinäres Team bei einer Besprechung

Altenpflegerinnen | Ergotherapeuten | Erzieherinnen | Kindheitspädagogen

Sozialpädagoginnen | **HAUSWIRTSCHAFTERINNEN UND HAUSWIRTSCHAFTER ARBEITEN ZUSAMMEN MIT:** | Ärztinnen

Physiotherapeutinnen | Heilpädagogen | Kranken- und Gesundheitspflegerinnen | Sozialpflegehelferinnen

Interdisziplinäre Zusammenarbeit bei der Betreuung von Menschen

Teamarbeit und interdisziplinäre Zusammenarbeit bedeutet:
- Zusammenarbeit zum Wohl der zu betreuenden Person,
- gegenseitige Anerkennung und Wertschätzung,
- respektvoller Umgang mit allen Teammitgliedern,
- Akzeptanz von neuen Teammitgliedern,
- gegenseitige Unterstützung anbieten,
- vom gegenseitigen Wissen profitieren,
- Ideen einbringen,
- sich gegenseitig motivieren,
- Hilfe anbieten und akzeptieren,
- Probleme und Konflikte ansprechen und gemeinsam an einer Lösung arbeiten,
- Hierarchien abbauen,
- Kompetenzen nicht überschreiten,
- Kommunikationsregeln beachten.

AUFGABE **1**

Welche Schlüsselqualifikationen und Sozialkompetenzen benötigen Sie, um gut im Team arbeiten zu können?

AUFGABE **2**

Ordnen Sie die Disziplinen den Fachbereichen zu.

Zahnärztin – Physiotherapeutin – hauswirtschaftliche Betriebsleitung – Altenpfleger – Ergotherapeutin – Orthopäde – Hauswirtschaftshelfer – Gesundheits- und Krankenpflegerin – Logopäde – Diätassistent – Stationsärztin – Sporttherapeutin

Medizinischer Bereich	**Pflegerischer Bereich**

Therapeutischer Bereich	Hauswirtschaftlicher Bereich

FAZIT
Bei der Betreuung von Menschen erfolgt eine Zusammenarbeit als Team mit Fachkräften aus verschiedenen Disziplinen. Gemeinsames Ziel in der Betreuung ist das Wohl der zu betreuenden Person.

2.5 Personen wahrnehmen und beobachten

In der Betreuung und Versorgung von Menschen müssen stets die Bedürfnisse der Person erkannt und befriedigt werden. Das geschieht durch Wahrnehmung und Beobachtung der zu betreuenden Person. Nicht jeder Mensch ist gleich, deswegen müssen Personen individuell wahrgenommen werden. Eine gezielte Beobachtung ist maßgeblich für den Erfolg in der Betreuung.

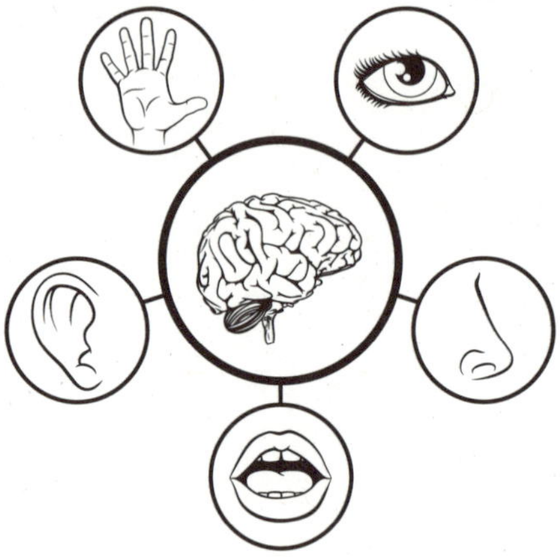
Wahrnehmung ist Reizverarbeitung.

Wahrnehmung

Unter Wahrnehmung wird die unbewusste Aufnahme von Informationen aus der Umwelt durch die Sinnesorgane verstanden. Wahrnehmung erfolgt in jedem Bewusstseinszustand. Es werden Umwelteinflüsse wie das Wetter, Gerüche, Farben und andere Personen wahrgenommen. Dies alles geschieht unabsichtlich, wir können uns der Wahrnehmung nicht entziehen. Jede Wahrnehmung ist subjektiv. Das bedeutet, dass persönliche Erfahrungen und Emotionen die Wahrnehmung beeinflussen.

Wahrnehmung ist Informationsverarbeitung (Reizverarbeitung). Die Reize werden über die Sinne aufgenommen:
- Sehen – Auge
- Hören – Ohr
- Fühlen – Haut, Hände
- Riechen – Nase
- Schmecken – Mund, Zunge und Gaumen

Unsere Wahrnehmung ist unbewusst und subjektiv.

Das Nervensystem der Sinnesorgane leitet die aufgenommenen Informationen an das Gehirn weiter. Im Gehirn werden die Informationen sortiert und bewertet: wichtig – unwichtig.

Wussten Sie?
Im Ohr sitzt das Gleichgewichtsorgan. Dieses Organ unterstützt den Gleichgewichtssinn.

Wahrnehmungsfehler

Unser Gehirn verknüpft die erhaltenen Informationen mit Erfahrungen, Erlebtem und Gelerntem aus der Vergangenheit. Da Wahrnehmung sehr persönlich ist, können Wahrnehmungsfehler nicht vermieden werden. Vorurteile, Sympathie und Antipathie dürfen nicht in die Wahrnehmung mit einfließen. Wahrnehmungsfehler sind:

- **Fehler des ersten Eindrucks:** Der erste Eindruck ist sehr stark prägend – oft werden dadurch falsche Rückschlüsse gezogen.

  BEISPIEL:

  ____

- **Ähnlichkeitsfehler:** In der zu betreuenden Person werden vertraute Eigenschaften erkannt – man erkennt sich in der Person selbst wieder.

  BEISPIEL:

  ____

- **Fehler der Verallgemeinerung:** Bestimmte Verhaltensweisen einer Person werden auf andere Personen übertragen.

  BEISPIEL:

  ____

- **Aufmerksamkeitsfehler:** Die Aufmerksamkeit des Beobachters gilt größtenteils einer Sache, anderen Beobachtungen wird wenig/keine Bedeutung geschenkt.

  BEISPIEL:

  ____

- **Heiligenschein-Effekt:** Eine positive Verhaltensweise überstrahlt andere (sogar negative) Verhaltensweisen.

  BEISPIEL:

  ____

Beobachtung

Beobachtung ist die absichtliche und bewusste Wahrnehmung der Umwelt. Bei der Beobachtung konzentrieren wir uns auf eine Sache. Es arbeiten ein oder mehrere Sinne intensiv. Beobachtung wird eingeteilt in:

Bewusstes Wahrnehmen mit dem Sehsinn: Vogelbeobachtung

- **Alltägliche Beobachtung:** Alltägliche Beobachtungen sind Beobachtungen, die bewusst aus der Umwelt wahrgenommen werden, aber zufällig passieren.

  BEISPIEL:
  Regenwetter, warme Raumtemperatur, kalter Kaffee, voller Mülleimer

- **Fachliche Beobachtung:** Fachliche Beobachtungen sind Beobachtungen, die bewusst und gezielt gemacht werden. Der Fokus liegt dabei auf einer Sache.

  BEISPIEL:
  eine bestimmte Situation, eine Person, eine Verhaltensweise

Wussten Sie?
Die fachliche Beobachtung ist in der Betreuung besonders bei der Zusammenarbeit mit anderen Fachkräften wichtig. Die Informationen werden dabei kurz, eindeutig und mit Fachbegriffen wiedergegeben.

Manche Menschen, die betreut werden, können ihre Bedürfnisse gar nicht, nicht mehr oder nur noch sehr schwer ausdrücken. Säuglinge und Kleinkinder müssen beispielsweise erst das Sprechen lernen. Menschen mit Behinderung können Verständigungsschwierigkeiten haben. Alte Menschen mit Demenz verlieren nach und nach an Kommunikationskompetenz. Um die Bedürfnisse und Wünsche dieser Personen zu erkennen und zu befriedigen, muss gezielt und individuell beobachtet werden.

AUFGABE 1
Finden Sie für jeden Wahrnehmungsfehler auf S. 33 ein Beispiel.

AUFGABE 2
Kreuzen Sie die Kompetenzen und Schlüsselqualifikationen an, die für die individuelle Wahrnehmung und fachliche Beobachtung von Personen wichtig sind.

○ Achtsamkeit	○ Improvisationsvermögen	○ Methodenkompetenz
○ Treue	○ kommunikative Kompetenz	○ Selbstdisziplin
○ Pünktlichkeit	○ Geduld	○ Unvoreingenommenheit
○ Lernkompetenz	○ Kreativität	○ Kompromissfähigkeit
○ Höflichkeit	○ Integrationsfähigkeit	○ Zuverlässigkeit

AUFGABE 3
Verbinden Sie die Wörter mit gegensätzlicher Bedeutung:

klein	objektiv
unpersönlich	groß
subjektiv	alltäglich
individuell	persönlich
fachlich	intensiv
extensiv	kollektiv

FAZIT
Wahrnehmung geschieht unbewusst und unabsichtlich. Beobachtung ist Wahrnehmung, die bewusst geschieht. Dabei wird zwischen der Alltagsbeobachtung und der fachlichen Beobachtung unterschieden. Nur durch individuelle Beobachtung kann gute, erfolgreiche Betreuung erfolgen. Wahrnehmungsfehler müssen dabei aktiv vermieden werden.

3 Rechtliche Grundlagen

3.1 Kinderrechte

1989
Die **UN-Kinderrechtskonvention** ist ein Menschenrechtsvertrag. Sie garantiert allen Kindern das Recht auf Überleben und Wohlergehen, Entwicklung, Schutz und Teilnahme am gesellschaftlichen Leben. Folgende zehn Grundrechte stellen die Basis der Konvention dar:

- Recht auf Gleichheit
- Recht auf Gesundheit
- Recht auf Bildung
- Recht auf Spiel, Freizeit und Erholung
- Recht auf Beteiligung, freie Meinungsäußerung und Information
- Recht auf Schutz im Krieg und auf der Flucht
- Recht auf gewaltfreie Erziehung und Schutz vor Gewalt

Kinder benötigen und verdienen besonderen Schutz.

- Recht auf Fürsorge der Eltern
- Recht auf gute Lebensbedingungen
- Recht auf besondere Fürsorge und Förderung bei Behinderung

Wussten Sie?
Die Vereinten Nationen (United Nations, UN) sind ein Staatenbund, dem fast alle Länder der Erde angehören. Die UN wurde 1945 nach dem Zweiten Weltkrieg gegründet und setzt sich für Weltfrieden, internationale Sicherheit und die Einhaltung der Menschenrechte ein.

2012
Das **Bundeskinderschutzgesetz** ist Grundlage für die Kinderrechte in Deutschland. Das Gesetz setzt auf Vorbeugen (Prävention) und Eingreifen (Intervention) bei Verletzungen der Kinderrechte. Das Gesetz stärkt alle Beteiligten, die am Schutz der Kinderrechte beteiligt sind. Das sind z. B. Hebammen, Ärztinnen, Erzieher, Eltern, Pädagogen, Lehrerinnen, Mitarbeiter der Jugendämter bzw. der Jugendhilfe, Sozialpädagoginnen oder Polizisten.

2018
Die **Bundesstiftung Frühe Hilfen** hilft jungen Eltern. Sie hilft früh, d. h. schon vor der Geburt. Ein Netzwerk aus interdisziplinären Fachkräften bietet psychosoziale Unterstützung während der Schwangerschaft und bis zum dritten Lebensjahr des Kindes an.

Besondere Hilfe können Schwangere und Eltern in Anspruch nehmen bei:
- ungeplanter Schwangerschaft,
- Geldsorgen,
- Alleinerziehung,
- Überforderung.

TIPP

Die Frühen Hilfen sind kostenfrei und können ohne Antrag erhalten werden. Informationen darüber bieten Frauenärztinnen, Schwangerschaftsberatungsstellen, Geburtskliniken und die Internetseite www.elternsein.info des NZFH (Nationales Zentrum Frühe Hilfen) an.

Bundeskinderschutzgesetz und Frühe Hilfen schützen Kinder in Deutschland.

AUFGABE 1
Recherchieren Sie. Welche Staaten haben die UN-Kinderrechtskonvention nicht ratifiziert (anerkannt) und was sind die Gründe dafür?

____

____

____

AUFGABE **2**

Zählen Sie auf, was zur elterlichen Fürsorge zählt.

FAZIT

Kinder und Jugendliche brauchen besonderen Schutz und Fürsorge. Diese Rechte sind in der UN-Kinderrechtskonvention und dem Bundeskinderschutzgesetz verankert. Die Frühen Hilfen garantieren Unterstützung für Eltern von Kindern von null bis drei Jahren.

3.2 Charta der Rechte hilfe- und pflegebedürftiger Personen

Jeder Mensch hat das Recht auf Achtung der Menschenwürde. Die Charta der Rechte der hilfe- und pflegebedürftigen Personen stärkt Rechte für Menschen, die Hilfe, Betreuung und Pflege benötigen. Die Charta ist ein Leitfaden für alle, die privat, ehrenamtlich oder beruflich Personen betreuen und pflegen. Das Handeln soll an der Charta ausgerichtet werden.

2005

Die **Charta der Rechte hilfe- und pflegebedürftiger Personen** umfasst in acht Artikeln, welche Rechte hilfe- und pflegebedürftige Personen in Deutschland haben:

Charta der Rechte hilfe- und pflegebedürftiger Personen

Artikel 1: Recht auf Selbstbestimmung und Hilfe zur Selbsthilfe

Artikel 2: Recht auf körperliche und seelische Unversehrtheit, Freiheit und Sicherheit

Artikel 3: Recht auf Privatheit

Artikel 4: Recht auf Pflege, Betreuung und Behandlung

Artikel 5: Recht auf Information, Beratung und Aufklärung

Artikel 6: Recht auf Kommunikation, Wertschätzung und Teilhabe an der Gesellschaft

Artikel 7: Recht auf Religion, Kultur und Weltanschauung

Artikel 8: Recht auf würdevolles Sterben

Quelle: Bundesministerium für Familie, Senioren, Frauen und Jugend (Hrsg.): Charta der Rechte hilfe- und pflegebedürftiger Personen, S. 5, unter: https://www.bmfsfj.de/resource/blob/93450/534bd1b2e04282ca14bb725d684bdf20/charta-der-rechte-hilfe-und-pflegebeduerftiger-menschen-data.pdf [Letzter Zugriff: 11.05.2021] (verändert, gekürzt)

BEISPIELE:
Die hilfe- und pflegebedürftige Person hat das Recht, selbst zu entscheiden,
- wie und wo sie leben möchte,
- wann sie sich waschen möchte,
- was sie essen möchte,
- wer sie betreut,
- für was sie ihr Geld ausgibt,
- wer ihre Räume betritt (in Wohnung oder Einrichtung),
- wie die persönlichen Räume gestaltet werden,
- wie ihr Alltag gestaltet wird,
- ob und wie sie am gesellschaftlichen Leben teilnimmt,
- ob sie an Wahlen teilnimmt,
- welche Religion sie ausübt,
- wie ihre Sterbebegleitung aussieht.

Pflegebedürftige Menschen sind geschützt vor:
- Eingriffen in die Privat- und Intimsphäre,
- Behandlung durch unprofessionelles Personal,
- würdeloser Betreuung und Behandlung,
- seelischer Gewalt, z. B. Beleidigung,
- körperlicher Gewalt, z. B. grobes Berühren und Anfassen,
- Freiheitsentzug, z. B. Angurten,
- chirurgischen Eingriffen, z. B. Sterilisation.

Recht auf Information und Aufklärung, aber auch Privatsphäre

AUFGABE 1
Beantworten Sie die Frage mündlich. Welcher Artikel der Pflege-Charta auf S. 37 greift bei den oben genannten Beispielen? Mehrfachnennungen sind möglich.

BEISPIEL:
Die hilfe- und pflegebedürftige Person hat das Recht, selbst zu entscheiden, wie und wo sie leben möchte.

→ *Artikel 1, Artikel 2*

AUFGABE 2
Vervollständigen Sie den Dialog mit den unten stehenden Begriffen.
Gemeinschaftsküche – Senioren – Bus – Rezept – alten Menschen – Geschichten – Pflegepersonal – Hauswirtschafter – Zusammenarbeit – Notfall – Pflegern – Aufräumen – Privatheit – Berufsschule – Selbsthilfe – gekocht – betreutes Wohnen – Diakonie – Team – Gesellschaft

„Hallo Mara, dich habe ich ja lange nicht mehr gesehen. Seit der ________________ nicht mehr! Wie geht es dir?

„Oh, hallo Roman. Mir geht es gut. Ja, es ist schon eine Weile her. Was machst du so?"

„Ich arbeite jetzt bei der ________________. Dort bin ich im Luisenstift als ________________ eingesetzt. Das ist ________________ für ältere Menschen."

„Ah ja! Ich kenne diese Einrichtung. Macht es dir Spaß?“

„Ja sehr, die ________________ sind alle sehr nett dort. Und die Kollegen sind auch toll, die haben mich sofort akzeptiert.“

„Das freut mich, dass dein ________________ so nett ist. Du musst mit Ärztinnen, ________________ und Therapeutinnen zusammenarbeiten, richtig? Nehmen die dich schon ernst?“

„Ja, die ________________ ist wirklich großartig. Niemand behandelt mich doof.“

„Super. Das freut mich für dich. Ich weiß nur nicht, ob ich mit ________________ arbeiten könnte. Das würde mich traurig machen.“

„Hm, ja, einige Bewohner sind nicht mehr ganz so rüstig. Wir helfen den Seniorinnen und Senioren, sich selbst zu helfen, z. B. beim Einkaufen oder beim ________________ und Putzen.“

„Hilfe zur ________________, richtig?“

„Genau. Wir sollen motivieren und unterstützen. Jeder Bewohner hat außerdem das Recht auf ________________. Wir dürfen nicht einfach so in die Zimmer kommen. Wir müssen immer klopfen und auf Einlass warten.“

„Aber bei einem ________________ geht das doch nicht?“

„Nein, da hast du Recht, wenn die Bewohner den Notfallknopf drücken, dann kommt jemand vom ________________ und schaut nach.“

„Und was sind deine weiteren Aufgaben dort?“

„Ich helfe manchmal beim Kochen. Die Bewohner haben eine ________________. Jeden Montag-, Mittwoch- und Freitagmittag wird zusammen Mittagessen ________________. Die Bewohner entscheiden sich für ein ________________ und ich helfe bei der Zubereitung. Das ist meine Lieblingsaufgabe. Außerdem ist es gut für die Gemeinschaft. Weißt du, viele Leute dort sind oft allein und traurig. Sie genießen die ________________ und die gemeinsamen Aktivitäten.“

„Das gemeinsame Kochen würde mir auch Spaß machen. Die alten Menschen haben bestimmt viele interessante ________________ zu erzählen.“

„Das auf alle Fälle. Manche davon habe ich schon sehr oft gehört.“ *(lacht)*

„Oh, das glaube ich! Mach’s gut Roman, ich muss los, mein ________________ kommt!“

„Tschüss Mara!“

FAZIT

Durch die Charta der Rechte hilfe- und pflegebedürftiger Personen werden eine würdevolle und selbstbestimmte Pflege und Betreuung gewährleistet. Alle an der Betreuung und Pflege beteiligten Personen müssen die Grundsätze der Charta befolgen.

Achtsamkeit – die Umwelt bewusst erleben

Das Konzept der Achtsamkeit ist ein Ansatz aus der Gesundheitspsychologie und soll die Lebenskompetenz und Gesundheit fördern. Achtsamkeit bedeutet, im Hier und Jetzt zu leben. Sie bezeichnet einen Geisteszustand, bei dem die Umwelt, der Körper, die Atmung und die Gefühle sehr bewusst wahrgenommen werden. Das Besondere daran ist, dass das Wahrgenommene nicht bewertet wird. Achtsamkeit ist nicht gleichzusetzen mit Aufmerksamkeit oder Konzentration. Bei der Konzentration konzentrieren wir uns auf eine bestimmte Sache, bei der Achtsamkeit nehmen wir die gesamte Umwelt bewusst wahr.

Konzentration (fokussiertes Bewusstsein)

Ein Teilausschnitt der Umwelt wird wahrgenommen.

Achtsamkeit (Panorama-Bewusstsein)

Die gesamte Umwelt wird bewusst wahrgenommen.

Besonders in stressigen Zeiten können kurze Achtsamkeitsübungen zur Entschleunigung und Stressbewältigung verwendet werden. Sie wird in der Medizin bei chronischen Schmerzen und psychischen Krankheiten angewendet. Auch Betreuerinnen können Achtsamkeit in die Arbeit mit Menschen einfließen lassen.

Vorteile eines achtsamen Lebens:

- weniger Stress,
- vermehrte Ruhe und Entspannung,
- erhöhtes Wohlbefinden und Lebensfreude,
- erhöhte Selbstakzeptanz und erhöhtes Selbstvertrauen,
- größere Barmherzigkeit für einen selbst und für andere,
- geringere Gefahr, an Depressionen, Burn-out, Angstzuständen zu erkranken.

Wussten Sie?

Achtsamkeit hat ihre Wurzeln im Buddhismus. Heute wird die Entspannungstechnik unabhängig von Religion angewendet.

Die Umwelt im Hier und Jetzt bewusst wahrnehmen

Achtsamkeit im Beruf als Betreuer:

- der zu betreuenden Person volle Aufmerksamkeit schenken, „nicht mit halbem Ohr zuhören“,

- die zu betreuende Person auf Dinge aufmerksam machen, „fühlen Sie die Wärme der Sonne auf der Haut",
- bei den Mahlzeiten über die Speisen sprechen, „Können Sie die verwendeten Gewürze herausschmecken?"

Übungen zur Achtsamkeit

Herz öffnen

- **Atmen:** tiefes, langes Ein- und Ausatmen, dabei eine Hand auf den Bauch und eine Hand auf die Brust legen, bewusst den Strom der „neuen" und „verbrauchten" Luft verfolgen (zwei Minuten)
- **Hören:** bequem und aufrecht sitzen, Augen schließen und die Geräusche um einen herum wahrnehmen; das Gehörte mit etwas assoziieren (in Verbindung bringen) oder bewerten (drei Minuten)
- **Sehen:** im Sitzen oder Stehen die Umwelt bewusst wahrnehmen: Farben, Formen, Gebäude, Natur etc. Das Gesehene nicht bewerten, aber alle Einzelheiten erkennen (drei Minuten)
- **Geh-Meditation:** einen Fuß achtsam vor den anderen setzen, an nichts denken, voll und ganz die einzelnen Bewegungen wahrnehmen (zehn Minuten)
- **Herz öffnen:** auf den Boden legen, ein längliches Kissen unter den Rücken und den Kopf bringen, eine gerollte Decke unter die Knie bringen, die Brust öffnen, die Schultern schwer Richtung Boden fallen lassen, die Arme zu einem „T" ausstrecken (fünf Minuten)
- **Selbstumarmung:** im Sitzen die Arme um sich selbst schlingen oder im Liegen die Knie zur Brust ziehen, den Körper festhalten und spüren (zwei Minuten)
- **Body-Scan:** den Körper von „unten nach oben" wahrnehmen, sich dabei auf bestimmte Körperteile konzentrieren, diese entspannen und schwer werden lassen, auf eine gleichmäßige Atmung achten (fünf bis zehn Minuten)
  - Zehen, Fußsohlen, Knöchel
  - Schienbein, Waden
  - Knie
  - Oberschenkel
  - Becken und Hüften
  - Bauch
  - Brust
  - Schultern
  - Arme, Ellbogen, Handgelenke, Finger
  - Kopf, Gesicht
- **„Danke-Tagebuch":** fünf Minuten Zeit nehmen und aufschreiben, für was und wen man dankbar ist, z. B. „Ich bin dankbar für meine Familie, sie ist immer für mich da."

Achtsam kommunizieren mit dem 4-Ohren-Modell

Achtsamkeit bedeutet auch, dass man sich bewusst darüber ist, welche Botschaften man in der Kommunikation (→ Kapitel 1, 2.3) mit seinen Mitmenschen sendet. Achtsam kommunizieren heißt, bewusst zu kommunizieren und ein ebenso bewusster Zuhörer zu sein. Ein Modell, das die Vielseitigkeit einer Äußerung näher analysiert, ist das „4-Ohren-Modell" von Friedemann Schulz von Thun, einem deutschen Psychologen und Kommunikationswissenschaftler. Er geht davon aus, dass jede verbale Äußerung vier Botschaften beinhaltet und daher auch auf vier Ebenen interpretiert und verstanden werden kann. Anhand dieses Modells lassen sich beispielsweise Missverständnisse in der Kommunikation erklären. Möchte man achtsam kommunizieren, so kann einem dieses Modell helfen, sich bewusster mit Kommunikation auseinanderzusetzen.

Das 4-Ohren-Modell – vier Seiten einer Nachricht

1. **Sachebene:** Worüber informiere ich? (Fakten, Daten)
2. **Appellebene:** Wozu möchte ich den Empfänger meiner Nachricht veranlassen?
3. **Beziehungsebene:** Was halte ich vom Empfänger? Wie stehen wir zueinander? Häufig wird auch nonverbal kommuniziert (Gestik/Mimik).
4. **Selbstoffenbarungsebene:** Was gebe ich von mir selbst preis?

AUFGABE **1**

Tragen Sie folgende Begriffe in das Modell ein:
Empfänger – Appell – Sender – Äußerung – Sachinhalt – Selbstoffenbarung – Beziehung

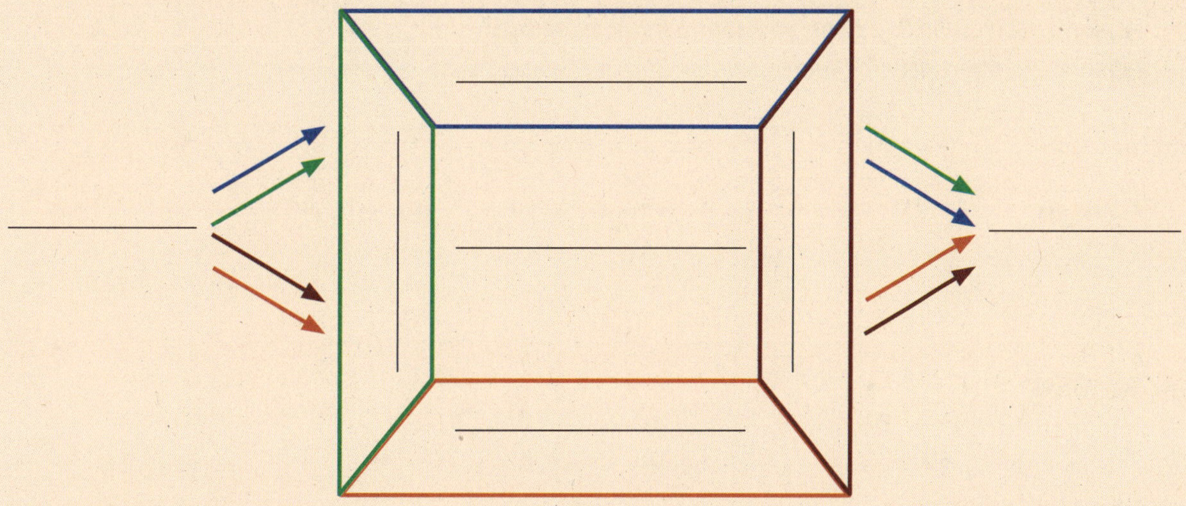

AUFGABE **2**

a) Auf welcher Ebene der Kommunikation wird die Nachricht von Sender und Empfänger gleich verstanden?

___

b) Warum kann es in der Kommunikation schnell zu Missverständnissen kommen?

___

___

___

AUFGABE **3**
Interpretieren Sie mithilfe des 4-Ohren-Modells, warum es in den folgenden Situationen zu Missverständnissen kommen konnte. Beziehen Sie dabei alle Ebenen der Kommunikation auf Sender- und Empfängerebene mit ein.

a) Bei den Hausaufgaben:
Person A *rauft sich die Haare*: „Jetzt sitzen wir hier schon über eine Stunde an den Hausaufgaben!"
Person B *erwidert wütend*: „Dann mach doch deine Hausaufgaben in Zukunft mit jemand anderem!"
Person A *ist erstaunt über diese Reaktion*.

b) Im Auto:
Person A *deutet auf ein Straßenschild*: „Hier darf man 100 km/h fahren."
Person B *ist wütend und genervt*: „Dann fahr doch selbst!"
Person A *wundert sich über den abrupten Stimmungswechsel*.

AUFGABE **4**
Formulieren Sie weitere Beispiele für Missverständnisse in der Kommunikation und präsentieren Sie diese in der Klasse. Beziehen Sie auch nonverbale Kommunikation (Gestik, Mimik) sowie halbverbale Kommunikation (Lautstärke, Betonung) der Aussagen mit ein.

AUFGABE **5**
Versuchen Sie anhand Ihres Wissens über Kommunikation, den Gebrauch von Smileys und Emojis in SMS oder Chatnachrichten zu erklären.

BEGRIFF	NOTIZEN/ÜBERSETZUNG	
interdisziplinär		1.1
der Elementarbereich		
die Pädagogik/pädagogisch		
die Kinderkrippe		
der Kindergarten		
der Kinderhort		
die Kommune		
die Kooperation		
freie/öffentliche Träger		1.2
die Sozialpädagogik/ sozialpädagogisch		
familienähnliche Strukturen		
ambulant		1.3
stationär/teilstationär		
therapeutisch		
alternativ		
traditionell		
das Mehrgenerationen-Wohnen		
profitieren		
die Cohousing-Siedlung		
die Rehabilitationsklinik (Reha)		1.4
die Ergotherapie		
die Therapeuten		
die Pflegebedürftigkeit		1.5
die Altenpflegeeinrichtung		
die Seniorenresidenz		
professionell/nicht professionell		
die Finanzierung		

	BEGRIFF	NOTIZEN/ÜBERSETZUNG
2.1.1	die Schlüsselqualifikationen	
	kompetent	
	die Handlungskompetenz	
	die Fachkompetenz	
	die Selbstkompetenz	
	die Sozialkompetenz	
	die Lernkompetenz	
	die kommunikative Kompetenz	
	die Methodenkompetenz	
	die Lernstrategien	
	die Recherche	
	die Hard Skills	
2.1.2	die Disziplin/die Selbstdisziplin	
	die Improvisation/das Improvisationsvermögen	
	die Flexibilität	
	die Souveränität	
	die Selbstreflexion	
2.1.3	rational	
	die Solidarität	
	die Integration/die Integrationsfähigkeit	
	die Empathie	
	die emotionale Intelligenz	
	die Akzeptanz	
	die Toleranz	
	die Loyalität	
	die Fairness	
	die Soft Skills	

BEGRIFF	NOTIZEN/ÜBERSETZUNG	
die interkulturelle Kompetenz		2.2
der Kulturkreis		
die Gestik		
die Mimik		
verbal		2.3
nonverbal		
die Gebärdensprache		
die Atmosphäre/die Gesprächsatmosphäre		
die Ich-Botschaft		
die Du-Botschaft		
das Desinteresse		
die offene Frage		
die geschlossene Frage		
einsilbig		
die Misskommunikation		
die Sachebene		
der gemeinsame Nenner		
unparteiisch		
die Disziplin		2.4
die Hierarchie		
die Sinnesorgane		2.5
die Umwelteinflüsse		
die Emotionen		
subjektiv		
objektiv		
die Wahrnehmungsfehler		
die Sympathie		

	BEGRIFF	NOTIZEN/ÜBERSETZUNG
	die Antipathie	
	extensiv	
	intensiv	
	individuell	
	kollektiv	
3.1	die UN-Kinderrechtskonvention/ die Konvention	
	der Menschenrechtsvertrag	
	die Vereinten Nationen/ die United Nations/die UN	
	das Bundeskinderschutzgesetz	
	die Prävention	
	psychosozial	
	ratifizieren	
3.2	die Charta der Rechte hilfe- und pflegebedürftiger Personen	
	die Intimsphäre	
	der chirurgische Eingriff	
	die Sterilisation	
	Exkurs	
	die Achtsamkeit	
	fokussiert	
	die Entschleunigung	
	die chronischen Schmerzen	
	der Buddhismus	

2

BETREUUNG UND VERSORGUNG VON JUNGEN MENSCHEN

1 Lebensphasen des jungen Menschen

1.1 Schwangerschaft und Geburt

Als Schwangerschaft wird der Zeitraum zwischen Befruchtung der Eizelle und Geburt des Babys bezeichnet. Die Dauer der Schwangerschaft ist üblicherweise 40 Wochen. Diese Zeit lässt sich in drei Trimester einteilen.

Erstes Trimester (1. bis 12. Schwangerschaftswoche)

Eine Schwangerschaft entsteht durch die Befruchtung einer reifen, weiblichen Eizelle mit einer männlichen Samenzelle. Die befruchtete Eizelle wandert nach ca. sieben Tagen vom Eileiter in die Gebärmutter. Der Embryo ist nun mit der Gebärmutter durch die Plazenta verbunden. Die Nabelschnur leitet Sauerstoff und Nährstoffe zum Embryo.

Entwicklung des Embryos:

- der Blutkreislauf und die Organe entwickeln sich,
- die Geschlechtsorgane entwickeln sich,
- das Skelett bildet sich aus (Kopf, Gliedmaßen etc.),
- am Ende der zwölften Schwangerschaftswoche ist der Fötus ca. 6 cm lang.

Wussten Sie?

In den ersten zwölf Schwangerschaftswochen entwickelt sich der Embryo sehr, sehr schnell. Dadurch ist der Embryo anfällig für Störungen in der Entwicklung. In dieser Zeit sind Alkohol und Nikotin besonders schädlich für das Baby. Ungefähr jede dritte Schwangerschaft endet im ersten Trimester mit einer Fehlgeburt.

Zweites Trimester (13. bis 26. Schwangerschaftswoche)

Im zweiten Trimester beginnt der Bauch der werdenden Mutter zu wachsen. Der Embryo wird nun Fötus genannt.

Entwicklung des Fötus:

- Finger- und Fußnägel bilden sich aus,
- Augenbrauen, Wimpern und Haare entwickeln sich,
- der Fötus beginnt sich zu bewegen,
- die Haut ist mit der sogenannten Käseschmiere bedeckt,
- der Fötus ist ca. 23 cm lang.

Wussten Sie?

Der Fötus ist ca. ab der 25. Schwangerschaftswoche lebensfähig. Sieben Prozent aller Schwangerschaften enden mit einer Geburt vor der 37. Woche (Frühgeburt).

Drittes Trimester (27. bis 40. Schwangerschaftswoche – Geburt)

Die werdende Mutter nimmt elf bis 16 Kilo zu. Das liegt an dem Gewicht des Fötus, der Plazenta, dem Fruchtwasser, an Wasser- und Fetteinlagerungen sowie erhöhtem Blutvolumen im Körper. Zum Ende der Schwangerschaft dreht sich der Fötus zumeist mit dem Kopf nach unten zum Becken.

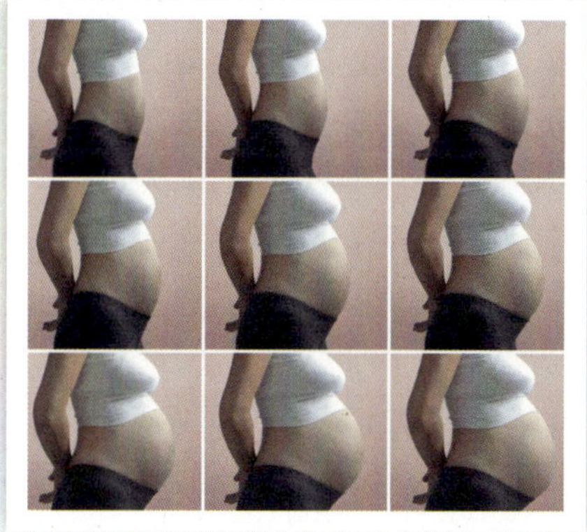

Vom Embryo zum geburtsreifen Fötus: 40 Schwangerschaftswochen

Wussten Sie?

Der Körper der Frau ist in der Schwangerschaft vielen Veränderungen ausgesetzt. Durch die Hormonausschüttung können aber auch Beschwerden auftreten. Schwangerschaftsbeschwerden sind z. B. Unwohlsein, Verdauungsprobleme, Müdigkeit, Rückenschmerzen und Übelkeit.

Geburt

Mit der Geburt endet die Schwangerschaft. Bei einer vaginalen Geburt verlässt der Fötus durch das Becken den Körper der Mutter. Jede dritte Geburt in Deutschland ist allerdings eine Kaiserschnitt-Geburt. Dabei wird am Unterbauch ein Querschnitt gemacht und der Bauchraum geöffnet. Das Kind verlässt durch die aufgeschnittene Bauchdecke den Körper der Mutter.

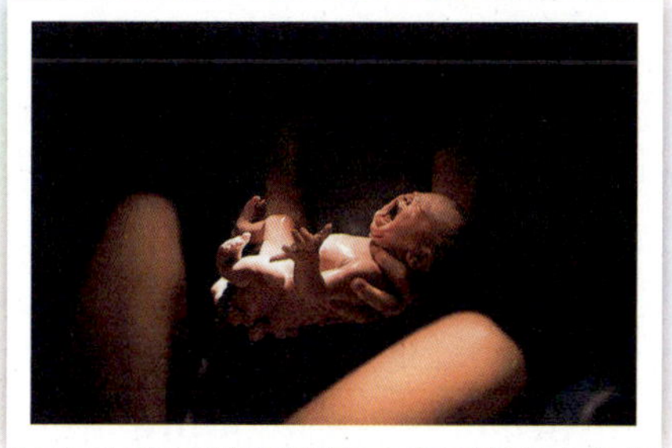

Neugeborenes Baby mit Nabelschnur

AUFGABE 1

Welche Schwangerschaften werden als Risikoschwangerschaften eingestuft? Nennen Sie fünf Risikofaktoren.

AUFGABE 2

Recherchieren Sie. Ab wann beginnt und endet der gesetzliche Mutterschutz in Deutschland?

FAZIT

Eine Schwangerschaft ist die Zeit, in der eine befruchtete Eizelle zu einem geburtsreifen Fötus heranreift. Sie dauert in der Regel 40 Wochen und endet mit der Geburt.

1.2 Neugeborene und Säuglinge

Als Säugling werden Kleinkinder bis zwölf Monate bezeichnet. In den ersten vier Wochen nach der Geburt wird der Säugling als Neugeborenes bezeichnet. Besonders in der Anfangszeit benötigen Säugling und Mutter viel Ruhe, um eine Bindung aufzubauen, sich gegenseitig kennenzulernen und um Körpersprache und Signale richtig deuten zu können. Durch Schreien und Weinen drückt der Säugling sein Verlangen nach den menschlichen Grundbedürfnissen Nahrung, Wärme und Geborgenheit aus. Das Befriedigen dieser Bedürfnisse ist nun Hauptaufgabe der Mutter (oder der Bezugsperson):

- **Nahrung:** durch Stillen oder Ernährung mit dem Fläschchen,
- **Wärme:** durch Kleidung, Körperwärme der Mutter, Schlafen im vertrauten, warmen Babybett,
- **Geborgenheit:** durch Körperkontakt, Streicheln, Halten, Tragen, Wickeln, Waschen, Füttern, Umkleiden, Sprechen, Singen, Spielen.

Bei allen Begegnungen, Bewegungen und Berührungen muss behutsam und geduldig mit dem Baby umgegangen werden. Jede Zuwendung wird durch eine sanfte Sprache und Mimik angekündigt. Das Baby erkennt den Geruch und die Stimme der Mutter. Durch viel Körpernähe fühlt es sich geborgen. Der Kopf des Säuglings muss besonders in den ersten Monaten gestützt werden, da die Muskulatur im Nacken noch sehr schwach ist.

Köpfchen stützend halten

Motorische Entwicklung des Säuglings

Die motorische Entwicklung ist bei jedem Säugling unterschiedlich in Art und Weise und Zeitpunkt. Manche Säuglinge überspringen bestimmte Entwicklungsschritte, bei manchen dauert das erste Fortbewegen auf dem Boden etwas länger, andere können sich schon früh an Möbeln hochziehen. Um den ersten Geburtstag fangen Kinder an, erste Schritte zu machen.

Neugeborenes, Säugling

Geburt | 1. Monat | 3. Monat | 6. Monat | 9. Monat | 12. Monat

Strampeln, mit den Armen rudern
Kopf drehen
gezielteres Greifen
Kopf heben und halten
Drehen und Wenden des Körpers
Fortbewegen durch Rutschen und Rollen
Robben, Kriechen, Krabbeln
fester Griff
aufrecht sitzen
Hochziehen
Stehen
erste Schritte

Pflege des Säuglings

Durch die Pflege erfährt das Baby Hygiene, Wärme und Geborgenheit. Zur Pflege eines Babys gehören das Windel wechseln, die Pflege im Intimbereich und die Körperpflege (Haut, Haar, Ohren, Nägel, Zähne).

Körper- und Intimpflege:

- täglich mit feuchtem Waschlappen Gesicht, Hände und Windelbereich reinigen,
- Augen von außen nach innen reinigen,
- ein- bis zweimal pro Woche baden,
- Badewassertemperatur von ca. 37 Grad Celsius,
- schonende Badezusätze verwenden,
- Reihenfolge beim Baden: Gesicht, Körper, Intimbereich von vorne nach hinten,
- gründlich abtrocknen, Feuchtigkeit kann Pilze und Bakterien vermehren,
- Auskühlung vermeiden, Baby sofort in ein Badetuch wickeln und ankleiden,
- Haare mit weicher Babybürste kämmen,
- Nägel mit spezieller Babynagelschere rund schneiden, scharfe, lange Nägel bei Babys vermeiden,
- keine Wattestäbchen in Nase oder Ohr einführen, Sekret nur von außen abwischen,
- Zähne putzen mit Noppenbürste ab dem Zahndurchbruch.

Windel wechseln:

- in einem warmen Raum (ca. 21 Grad Celsius),
- alle zwei bis drei Stunden, bei Bedarf,
- vor jeder längeren Autofahrt, vor der Nacht, nach den Mahlzeiten,
- Reinigung des Intimbereichs von vorne nach hinten (verhindert Infektionen mit Darmbakterien),
- besondere Pflege des Intimbereichs mit Creme oder Puder,
- das Baby nie allein auf dem Wickeltisch liegen lassen.

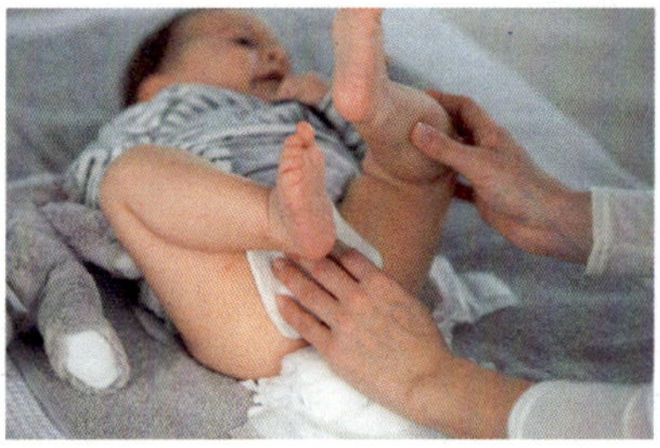

Reinigung des Intimbereichs

AUFGABE 1

Wie wird eine Windel gewechselt? Bringen Sie die Schritte in die richtige Reihenfolge von (1) bis (10).

- ◯ Windel mit den Klebstreifen an den Seiten schließen
- ◯ ggf. Haut eincremen
- ◯ Stuhlreste mit dem oberen, sauberen Teil der Windel abwischen
- ◯ Kleidung ausziehen oder nach oben schieben
- ◯ neue Windel zur Hälfte unter den Po schieben
- ◯ Utensilien zum Windelwechseln vorbereiten (neue Windel, Wundschutzcreme etc.)
- ◯ Windel nun unter dem Po zusammenklappen und entfernen
- ◯ Haut im Windelbereich sehr gut abtrocknen
- ◯ Intimbereich von vorne nach hinten reinigen
- ◯ die andere Windelhälfte zwischen die Beine führen
- ◯ Klebestreifen der alten Windel öffnen

FAZIT
Zu den menschlichen Grundbedürfnissen zählen Nahrung, Wärme und Geborgenheit. Hauptaufgabe der Eltern ist es, diese Bedürfnisse mit viel Liebe und Geduld zu befriedigen. Dazu gehören das Stillen oder Füttern, die Körperpflege, das Wickeln und enger Körperkontakt.

1.3 Kleinkinder und Vorschulkinder (1 bis 6 Jahre)

1.3.1 Sprachliche Entwicklung

Als Kleinkinder werden alle Kinder zwischen dem zweiten und sechsten Lebensjahr bezeichnet. Kinder ab vier werden auch als Kindergarten- oder Vorschulkinder bezeichnet. In dieser Zeit lernen Kinder Sprechen, Laufen, grob- und feinmotorische Fähigkeiten und entwickeln nach und nach ihre Persönlichkeit. Die Sprachentwicklung ist bei jedem Kind unterschiedlich. Sie beginnt passiv ab der Geburt mit Schreien, Lallen und Jauchzen und aktiv ab dem zehnten bis zwölften Monat mit den ersten Worten.

Sprachentwicklung ist nicht nur Sprechen und Verstehen, auch die Entwicklung von Mimik und Gestik gehören dazu. Ziel der sprachlichen Entwicklung ist die kommunikative Kompetenz.

Sprachentwicklung vom Säugling bis zum Vorschulkind

mit dem Kind in Babysprache sprechen → *Sprachliches Vorbild sein und Babysprache vermeiden*

3. M. | 6. M. | 9. M. | 12. M. | 15. M. | 18. M. | 2. J. | 3. J. | 4. J. | 5. J.

Stimmübungen: erste Lallphase
zweite Lallphase, Säugling erkennt Mimik
Bildung von Silbenketten
erste Wörter
Wortschatz wird aufgebaut (ca. 50 Wörter)
Zwei-Wort-Sätze
erstes Fragealter
Drei-Wort-Sätze
Mehr-Wort-Sätze
zweites Fragealter (Wie? Warum?)
Satzbildung beginnt
Vergangenheit und Zukunft
Satzbau abgeschlossen

Sprachanregung bei Kindern

- Laute des Kindes mit Grimassen und Mimik nachahmen
- Blickkontakt mit dem Kind aufnehmen
- auf Augenhöhe kommunizieren
- viel mit dem Kind sprechen, jeden Vorgang erklären
- langsam und deutlich sprechen mit vielen Wiederholungen
- geduldig sein, Kind ausreden lassen, aktiv zuhören
- vereinfachte Sprache verwenden: einfache Wörter, kurze Sätze
- Babysprache im Kleinkindalter vermeiden
- viele Geschichten vorlesen und die Fantasie des Kindes anregen
- viele Bilderbücher anschauen und dazu eigene Geschichten erzählen
- viele Lieder singen und mit Finger- und Bewegungsspielen kombinieren
- Rituale einführen: Gute-Nacht-Geschichte erzählen, Bilderbuchstunde am Nachmittag etc.
- wenig Zeit vor dem Bildschirm (TV, Tablet, Mobiltelefon) verbringen lassen
- ungewöhnlichen Wortbau, Satzbau oder Grammatik nicht korrigieren, sondern das Wort, den Satz richtig wiederholen
- mit Kindern, die zweisprachig aufwachsen, sollte die Mutter immer in Muttersprache zum Kind sprechen

Kleinkind ahmt ein Telefongespräch nach

Bilderbücher regen die Kreativität an

AUFGABE 1

Werden Sie kreativ. Komponieren Sie ein einfaches, melodisches Singspiel mit Reimen und Bewegungsspielen und stellen Sie es Ihrer Lerngruppe vor.

AUFGABE 2

Erfinden und erzählen Sie eine spannende Geschichte. Verwenden Sie folgende Wörter:
Hund – Schnecke – Schwester – Baum – Blume – Mutter – Katze – Auto – Haus – Küche – Abendessen – Wurst – Ball – Vater

FAZIT

Eltern und Bezugspersonen können die Entwicklung der Sprache nicht beschleunigen, jedoch anregen und darauf Einfluss nehmen. Vorlesen, Lieder singen und Geschichten erzählen fördern die Sprachentwicklung enorm.

1.3.2 Körperliche und motorische Entwicklung

Zur körperlichen Entwicklung zählen das Wachstum und alle weiteren Veränderungen des Körpers. Zur Motorik zählen alle Bewegungen des Körpers. Die Motorik wird in Grob- und Feinmotorik unterteilt.

GROBMOTORISCHE FÄHIGKEITEN	FEINMOTORISCHE FÄHIGKEITEN
allgemeine Bewegungen des Körpers: des Rumpfs, der Arme, der Beine	Bewegungen der Hände und Finger, Füße und Zehen, Koordination beider Hände, Mimik und Gestik
z. B. Krabbeln, Sitzen, Stehen, Laufen	*z. B. Greifen, Halten von großen und kleinen Gegenständen, Umblättern, Schneiden, Schuhe binden*

Wussten Sie?
Kinder konzentrieren sich in ihrer Entwicklung meist auf einen Schwerpunkt. Kinder, die früh Laufen können, lernen erst später sprechen, und Kinder, die früh mit dem Sprechen beginnen, lernen später laufen.

Die ersten aufrechten Schritte sind ein großer „Schritt“ in der motorischen Entwicklung und geben dem Kleinkind neue Möglichkeiten. Dafür muss das Kind viel Kraft und Muskulatur aufbauen. Es muss den Gleichgewichtssinn und die Balance trainieren und an der Beweglichkeit der einzelnen Körperteile arbeiten, z. B. die Knie beugen. Um Unfälle zu vermeiden, muss die Wohnung „babysicher“ gemacht werden. Der Zugang zu Gefahrenorten, z. B. Treppen, muss abgegrenzt sein.

Grobmotorische Fähigkeiten: Krabbeln, Sitzen, Stehen und Laufen

Feinmotorik

12. M. | 15. M. | 18. M. | 2 J. | 3. J. | 4 J. | 5. J. | 6. J.

kann große Gegenstände greifen, halten und loslassen
kann aus dem Becher trinken
kann Becher abstellen
kann mit dem Löffel essen
kann dicke Stifte halten und malen (Faustgriff)
kann dicke Buchseiten umblättern
kann kleine Gegenstände greifen
Pinzettengriff mit Daumen- und Fingerspitze
kann Kleidungsstücke an- und ausziehen
malt mit Pinselgriff (mit drei Fingern)
schneidet mit der Schere gerade
schneidet mit der Schere Kurven

Wussten Sie?
Die Links- oder Rechtshändigkeit stellt sich um das sechste Lebensjahr heraus.

TIPP

Spiele und Tätigkeiten zur Förderung der Feinmotorik:
- Bauklötze und Hammerspiele
- Steck-, Stapel- und Knetspiele
- Puzzle
- Malen mit Kreide, Stiften, Pinsel
- Fädelspiele mit Perlen und Schnur
- Spiele mit Sand und Wasser
- Basteln (Schneiden, Kleben, Falten)
- Handarbeiten (Weben, Knoten, Flechten)

Altersgerechte Spiele zur Förderung der Feinmotorik

Für Vorschulkinder eine gute Übung: Schneiden mit der Schere

AUFGABE 1

Wie wird eine Wohnung kindersicher gemacht? Zählen Sie Möglichkeiten auf.

____

____

____

____

____

FAZIT

Die körperliche und motorische Entwicklung läuft – wie die sprachliche Entwicklung – bei jedem Kind individuell ab. Im Kleinkindalter verbessern Kinder ihre grobmotorischen Fähigkeiten. Nach und nach werden Koordination, Balance und Ausdauer besser. Die Feinmotorik kann mit altersgerechten Spielen und Tätigkeiten angeregt werden.

1.3.3 Soziale Entwicklung

In der Kleinkindzeit wird das Kind mehr und mehr zur selbstbewussten Persönlichkeit. Die Abhängigkeit von den Eltern nimmt ab – die Eigenständigkeit nimmt zu. Durch Sprache kann das Kind nun auch Gefühle und Bedürfnisse besser ausdrücken. Im Vorschulalter interessiert sich das Kind für Umwelt und Mitmenschen – die Ichbezogenheit der ersten Jahre lässt nach.

Persönlichkeitsentwicklung

- Trennungsangst von den Eltern nimmt zuerst zu (z. B. Eingewöhnung in die Krippe), neues Vertrauen zu anderen Bezugspersonen wird gefasst,
- Neugierde gegenüber anderen Kindern und Menschen wächst,
- Wahrnehmung der eigenen Person nimmt zu, das Spiegelbild wird erkannt,
- Wünsche werden lautstark geäußert, Willensbildung nimmt zu,
- Eigenständigkeit nimmt zu: Kind möchte allein essen, beim Anziehen mithelfen,
- Hygieneverständnis nimmt zu, das Kind möchte „sauber" werden,
- langsame Verständnisentwicklung von Ursache und Wirkung (auf die Straße laufen – Auto – Gefahr).

Emotionale Entwicklung

- Spielen mit Gleichaltrigen geschieht zuerst nebeneinander, dann miteinander,
- Teilen wird langsam erlernt, Gerechtigkeitssinn nimmt zu,
- Empathiefähigkeit nimmt zu, Kind kann Trost spenden,

- Kompromissfähigkeit nimmt zu,
- Emotionen wie Scham, Stolz können ausgedrückt werden.

Trotz- bzw. Autonomiephase

- Grenzen werden ausgetestet,
- Bockigkeit, Sturheit und Wutanfälle nehmen zu,
- Streit und Konflikte mit Gleichaltrigen nehmen zu,
- aggressive Verhaltensweisen, z. B. Schlagen, Treten, können auftreten,
- Stress- und Frustrationstoleranz wird gebildet.

TIPP

Eltern und Bezugspersonen müssen Trotzreaktionen mit viel Ruhe, Geduld und Konsequenz begegnen. Klare Regeln und Grenzen müssen aufgezeigt und eingehalten werden. Mit viel Verständnis, Geborgenheit und ggf. Kompromissen kann eine Eskalation der Situation vermieden werden.

Trotzphase

AUFGABE 1

Wie können Sie positiv auf das Kind einwirken, um Stress und Trotzgefühle abzubauen?

FAZIT

Die soziale Entwicklung des Kleinkindes wächst mit der sprachlichen Entwicklung. Emotionen, Wünsche, Wut und Ängste werden geäußert. In dieser Phase wird der Grundstein für soziale Kompetenzen gelegt.

1.3.4 Geistige Entwicklung

Die geistige Entwicklung steht eng im Zusammenhang mit der sprachlichen, motorischen und sozialen Entwicklung. Das räumliche, logische und zeitliche Denken entwickelt sich, Erfahrungen können auf andere Ereignisse übertragen werden und komplexe Zusammenhänge werden besser verstanden. Ab dem dritten Lebensjahr beginnt die „magische Phase“. Sie dauert in der Regel bis zum sechsten Lebensjahr. In dieser Zeit hat das Kind eine blühende Fantasie, erfindet Geschichten und vermischt Realität mit Traumwelt. Diese Phase ist ein weiterer Meilenstein in der geistigen Entwicklung, muss ernst genommen werden und darf nicht mit Lügerei in Verbindung gebracht werden.

In der magischen Phase erwacht die Fantasie.

Überblick

12. M. | 15. M. | 18. M. | 2 J. | 3. J. | 4 J. | 5. J. | 6. J.

räumliches Denken entwickelt sich

einfache Formen können sortiert und zugeordnet werden

Erfahrungen können übertragen werden

innere Vorstellung entwickelt sich

„magisches Denken“ und Fantasie beginnen

Zeitverständnis entwickelt sich

Gedächtnis entwickelt sich

Merkfähigkeit nimmt zu

logisches Denken entwickelt sich, komplexere Zusammenhänge werden verstanden

Menschen können sich an Ereignisse aus ihrer Kleinkindzeit nur vage erinnern. Geschehnisse vor dem dritten oder vierten Lebensjahr sind üblicherweise nicht mehr abrufbar. Das liegt daran, dass das Gehirn in den ersten Lebensjahren sehr viel wächst.

Das Gehirn des Menschen ist eingeteilt in Großhirn, Kleinhirn und Stammhirn.

- **Großhirn:** besteht aus zwei Gehirnhälften, steuert räumliches, logisches und zeitliches Denken.
- **Kleinhirn:** steuert Bewegung und Koordination.
- **Stammhirn:** steuert lebenswichtige Organe und Funktionen, z. B. Herz- und Lungentätigkeit, Blutdruck, Reflexe.

Wussten Sie?
Die linke Gehirnhälfte steuert die Vorgänge in der rechten Seite des Körpers und umgekehrt.

AUFGABE 1

Recherchieren Sie. Welche Gehirnhälfte ist eher für das logische Denken und die Sprache, welche für die Verarbeitung von Sinneseindrücken und Gefühlen zuständig?

____

____

____

AUFGABE 2

Versuchen Sie sich an ihre Kleinkindzeit zu erinnern. Was ist die früheste Erinnerung, an die Sie sich zurückerinnern können?

FAZIT

Zur geistigen Entwicklung zählt räumliches, logisches und zeitliches Denken. Die innere Vorstellung und Fantasie entwickeln sich. Das Gedächtnis speichert Ereignisse und Erfahrungen.

1.4 Kinder im Schulalter (ab 6 Jahre)

Der Schuleintritt bedeutet für das Kind eine große Umstellung und Veränderung. Der Tagesablauf, die Umgebung, die Freunde und Mitmenschen ändern sich. Das Kind erhält neue Rechte und Pflichten. Im Schulalltag werden Konzentration, Leistung und Disziplin gefordert. Nach und nach steigt der Druck und eventuell auch der Schulstress. Die Freizeit ist wichtiger Gegenpol zur Schulzeit. Kinder dürfen und sollen draußen spielen, sich austoben und laut sein. Eltern und Betreuer müssen daher den gesunden Mittelweg für das Kind finden.

Schulzeit	↔	Freizeit
Schulzeit		Freizeit
Hausaufgaben		Zeit zur freien Verfügung/Hobbys
Zeit in der Schule/Wohnung		Zeit draußen und in der Natur
Geborgenheit		Risikobereitschaft und Abenteuer
Pflichten		Rechte
Konzentration, Entspannung		Toben
Lerngruppe/Familie		alleine beschäftigen
Grenzen		Freiheiten

TIPP

Wissenswertes zur Erziehung und Betreuung von Schulkindern

- schrittweise die Eigen- und Selbstständigkeit des Kindes steigern, z. B. Schulweg allein gehen
- kleine Pflichten im Haushalt einführen, z. B. Geschirrspüler einräumen, Hamsterkäfig reinigen
- Tagesablauf strukturieren und mit Ritualen gestalten, z. B. tägliche Gute-Nacht-Hörgeschichte
- Interessen und Hobbys fördern, z. B. in die Bücherei gehen, im Fußballverein spielen
- viel Zeit zur freien Verfügung lassen – fördert die Kreativität und Fantasie
- viele Möglichkeiten zum Toben und Spielen geben – fördert die Feinmotorik und beugt Übergewicht vor
- Zeit draußen und in der Natur verbringen – vielfältige Sinneseindrücke sammeln
- feste Bildschirmzeiten vereinbaren – ca. eine Stunde pro Tag

Schulkind auf dem Weg in die Selbstständigkeit

TIPP

Was tun bei Schulproblemen, Schulangst oder schlechten Noten?

- Lerntyp des Kindes identifizieren
- Selbstvertrauen stärken und auf Stärken hinweisen
- Lerninhalte strukturieren und regelmäßig wiederholen
- Ruhezeiten für Hausaufgaben und Lernen in den Tag integrieren
- fächerübergreifendes Lernen ermöglichen
- Druck abbauen, besonders bei Prüfungsangst
- Hobbys fördern, in denen das Kind erfolgreich ist
- Förderunterricht oder Nachhilfe in Betracht ziehen
- Schulprobleme wie beispielsweise Mobbing in Betracht ziehen
- regen Kontakt mit der Schule/Lehrkraft halten
- Schulform überdenken, ggf. Schulwechsel anstreben

Schulprobleme in den Griff bekommen: Selbstvertrauen stärken und Druck abbauen

Wussten Sie?

Kinder entwickeln im Schulalter einen ausgeprägten Gerechtigkeitssinn. Sie fordern ein konsequentes Verhalten der Eltern und Bezugspersonen ein. Das Einhalten von Regeln ist für sie nachvollziehbarer, wenn auch Eltern Regeln einhalten und nicht brechen.

AUFGABE **1**

Sie betreuen ein Grundschulkind am Nachmittag. Mit welchen Beschäftigungsmöglichkeiten können Sie die Kreativität anregen und fördern und möglichst viel Zeit in der Natur verbringen?

- *Mandala mit Naturmaterialien legen*

FAZIT
In der Schule profitiert das Kind von den erlernten persönlichen und sozialen Kompetenzen und kann diese weiter ausbauen. Zum Schulalltag muss in der Freizeit ein Ausgleich geschaffen werden. Bei Problemen in der Schule müssen das Selbstvertrauen und Selbstwertgefühl gestärkt und Druck abgebaut werden.

1.5 Jugendliche (ab 12 Jahre)

Das Jugendalter bezeichnet die Zeit zwischen Kindheit und Erwachsensein. In dieser Zeit findet auch die Pubertät, die Geschlechtsreife statt. Viel verändert sich zwischen dem 13. und 18. Lebensjahr: der Körper, die Interessen, die Schule und das soziale Umfeld. Gegebenenfalls steht auch ein Wechsel ins Berufsleben und somit ins Erwachsenenleben an.

Jugendliche
- möchten nicht mehr als Kinder wahrgenommen werden,
- müssen ihre Identität neu finden,
- verändern ihr Aussehen,
- möchten bestimmten Gruppen und Cliquen angehören,
- möchten eigene Entscheidungen treffen,
- fühlen sich oft missverstanden,
- haben starke Gefühlsschwankungen,
- geraten mit Eltern und Lehrern in Konflikte,
- reagieren oft mit Verhaltensproblemen und -auffälligkeiten,
- bilden eigene Werte und haben eigene Überzeugungen,
- hadern mit der Berufswahl/Zukunft.

Wussten Sie?
Der Wunsch nach mehr Selbstbestimmtheit und Freiheit bringt oft Konflikte und Streit mit sich. Dies sind jedoch wichtige Reifeprozesse im Leben junger Menschen. Sie erlangen dadurch wichtige Sozialkompetenzen, z. B. Kommunikationsfähigkeit, Konfliktfähigkeit, Kompromissfähigkeit und Durchsetzungsvermögen.

Tauziehen zwischen Eltern und ihren jugendlichen Kindern

TIPP

Wissenswertes zur Erziehung und Betreuung von Jugendlichen

- dem Jugendlichen nach und nach mehr Freiraum zugestehen
- dem jungen Menschen Vertrauen schenken, so kann er Zuverlässigkeit beweisen
- gemeinsam Regeln, Rechte und Pflichten festsetzen, ggf. auch in einem Vertrag
- Gefühle und Probleme ernst nehmen und nicht auf die Pubertät schieben
- eigene Gefühle und Wünsche klar kommunizieren, klare Grenzen setzen
- Fehler zugeben können, glaubwürdig sein
- nicht auf Provokationen eingehen, auf der Sachebene kommunizieren
- harte Strafen vermeiden, besser: Konsequenzen aufzeigen
- ggf. Therapeuten oder Erziehungshilfen hinzuziehen

Musik, Aussehen, Kleidung und Interessen ändern sich in der Jugendzeit

TIPP

Wissenswertes zu Pubertät und Sexualerziehung

- Mädchen kommen etwas eher in die Pubertät als Jungen (Mädchen mit ca. zehn, Jungen mit ca. zwölf Jahren)
- Aufklärung sollte altersgerecht und schrittweise stattfinden, Fragen sollten ehrlich beantwortet werden, Sexualerziehung darf kein Tabuthema in der Familie sein
- mit Jugendlichen früh über die Möglichkeiten der Empfängnisverhütung sprechen
- mit Jugendlichen über sexuell übertragbare Krankheiten sprechen

Die Bundeszentrale für gesundheitliche Aufklärung gibt auf der Internetseite www.loveline.de Informationen und Antworten rund um das Thema „Sexualität“.

AUFGABE **1**

Suchen Sie folgende Wörter im Raster (Ä = AE, Ü = UE).

JUNGEN	ELTERLICHE KONTROLLE
EMPFÄNGNISVERHÜTUNG	KONSEQUENZEN
PUBERTÄT	KOMPROMISSFÄHIGKEIT
GEFÜHLSSCHWANKUNGEN	ERWACHSENE
BERUFSWAHL	CLIQUE
SEXUALERZIEHUNG	AUFKLÄRUNG
PROVOKATIONEN	JUGENDLICHE
TABUTHEMA	GEFÜHLE
SELBSTBESTIMMUNG	VERTRAUEN
KRANKHEITEN	MÄDCHEN

T	K	G	G	H	R	D	E	H	P	O	W	S	F	Z	J	L	G	S	V	J	L	R	S	J
A	L	H	E	F	R	J	B	D	T	K	L	P	R	O	V	O	K	A	T	I	O	N	E	N
B	G	W	L	F	Z	P	K	A	G	Y	J	Y	A	S	G	J	R	B	C	X	N	J	F	S
U	B	D	T	H	U	S	J	U	F	X	H	V	C	L	I	Q	U	E	Y	Q	F	S	J	D
T	N	V	E	Z	Z	E	G	F	G	F	D	M	N	B	V	X	R	J	R	S	Z	H	K	P
H	H	G	R	G	W	X	H	K	J	R	W	L	Q	F	V	B	N	J	H	F	S	Q	T	K
E	W	B	L	F	F	U	G	L	B	J	D	J	Y	D	V	H	N	T	G	F	W	D	J	F
M	D	N	I	V	H	A	Z	A	S	R	B	F	M	P	E	N	E	S	H	C	A	W	R	E
A	G	J	C	B	I	L	U	E	O	S	M	S	Q	F	M	N	Z	G	F	E	D	W	G	K
U	T	U	H	T	L	E	H	R	P	J	C	W	X	H	P	W	H	K	L	P	R	W	W	L
T	H	K	E	D	J	R	G	U	L	L	Q	H	Q	S	F	B	G	F	E	F	C	G	J	H
I	B	M	K	E	G	Z	D	N	K	H	C	S	W	U	A	U	D	H	L	M	F	E	I	A
E	N	L	O	C	F	I	E	G	H	F	V	J	L	A	E	J	J	J	H	F	T	R	F	W
K	U	O	N	D	J	E	F	Y	R	E	B	G	F	V	N	R	G	F	E	C	W	S	D	S
G	R	I	T	G	M	H	N	D	E	F	Z	U	T	U	G	K	M	G	U	D	F	G	H	F
I	D	T	R	J	O	U	T	F	D	J	F	D	G	F	N	I	U	B	F	Q	D	C	F	U
H	O	Q	O	U	H	N	S	T	H	F	W	W	F	X	I	M	O	N	E	B	D	C	G	R
E	P	A	L	R	T	G	W	G	I	E	I	D	V	W	S	J	G	S	G	P	J	F	E	E
A	L	U	L	W	E	W	G	Z	T	U	J	J	N	B	V	Y	G	F	D	E	K	R	P	B
F	J	Z	E	S	J	U	G	E	N	D	L	I	C	H	E	M	H	F	E	G	N	S	Q	G
S	G	F	G	H	U	S	G	D	F	O	L	H	E	E	R	K	E	X	X	E	R	H	I	V
S	E	E	F	Q	N	W	W	R	D	K	R	A	N	K	H	E	I	T	E	N	U	I	E	B
I	W	B	V	F	G	Q	D	F	G	H	B	U	H	J	U	U	U	Z	J	H	K	R	D	H
M	S	I	C	V	E	Q	C	V	B	N	J	G	Z	O	E	W	M	L	K	H	T	U	U	G
O	V	U	H	G	N	Q	D	V	B	N	M	K	L	H	T	D	U	H	G	R	G	R	F	J
R	G	M	B	Z	H	F	S	A	E	F	N	I	L	G	U	W	Q	D	A	K	M	B	X	X
P	R	P	U	B	E	R	T	A	E	T	F	G	H	J	N	Q	W	U	N	M	K	K	Q	A
M	B	P	L	G	B	Z	U	I	J	G	D	S	Q	W	R	F	E	E	F	G	B	N	J	Z
O	N	S	E	L	B	S	T	B	E	S	T	I	M	M	U	N	G	V	B	N	M	U	D	W
K	M	R	F	G	D	W	Q	A	D	V	N	X	D	G	Z	T	X	S	D	V	G	E	T	G
Q	I	Q	N	E	H	C	D	E	A	M	D	W	K	O	N	S	E	Q	U	E	N	Z	E	N

FAZIT
Das Jugendalter ist gekennzeichnet durch körperliche, soziale, schulische bzw. berufliche Veränderungen. Andere Interessen, Werte und Überzeugungen rücken in den Vordergrund. Die Einforderung von mehr Freiraum hat oft Konflikte mit Erwachsenen zur Folge. Das Lösen dieser Konflikte und das Herstellen eines Vertrauensverhältnisses sind nun Hauptaufgabe der Eltern und Betreuer.

2 Gesundheit

2.1 Stärkung der Abwehrkräfte

Das Immunsystem ist ein körpereigenes Abwehr- und Schutzsystem und für den Menschen lebenswichtig, da es vor krankmachenden Pilzen, Parasiten, Viren, Bakterien, Schadstoffen und Zellveränderungen schützt. Die natürlichen Abwehrkräfte des Körpers müssen gestärkt werden, damit sie fehlerfrei arbeiten können. Ein geschwächtes Abwehrsystem ist anfällig für Infekte und Krankheiten. Besonders bei Kindern ist der Aufbau eines starken Immunsystems wichtig für die Gesundheit und das Wohlbefinden.

Um die natürlichen Abwehrkräfte von Kindern zu stärken, benötigt es keine Nahrungsergänzungsmittel oder gar Medikamente. Die natürlichen Abwehrkräfte bei Kindern werden gestärkt durch:

Bewegung und Sport:
- viel Bewegung: zu Fuß gehen, Fahrrad fahren, Treppen steigen,
- viel frische Luft bei jedem Wetter,
- ein bis zwei Stunden sportliche Bewegung – drinnen oder draußen,
- warme Socken, wasserdichte Schuhe und atmungsaktive Kleidung bei kaltem Wetter,
- barfuß laufen bei heißem Wetter.

Schlaf:
- ausreichend Schlaf (zehn bis zwölf Stunden),
- vor dem Schlafen Zimmer lüften,
- Zimmertemperatur bei ca. 18 Grad halten,
- Kind nicht zu warm anziehen, es sollte nicht schwitzen.

Ernährung:
- ausgewogene Ernährung mit viel Obst und Gemüse,
- genügend Zeit für Frühstück einplanen,

- regelmäßige Essenszeiten einhalten,
- Zeit für Essen nehmen und Essen wertschätzend einnehmen,
- Speisen kindgerecht, bunt und schmackhaft zubereiten,
- im Winter bei Heizungsluft viel trinken.

Aufbau eines gesunden und starken Immunsystems durch Spielen in der Natur

Zusätzlich:
- übertriebene Hygiene mit Desinfektionsreinigern ist nicht nötig,
- Zigarettenrauch, Feinstaub und Schimmelpilzsporen vermeiden,
- Schutzimpfungen einhalten und regelmäßig mit dem Kinderarzt besprechen.

AUFGABE **1**

Wenn das Immunsystem gegen den eigenen Körper kämpft, spricht man von Autoimmunerkrankungen. Nennen Sie Beispiele für Krankheiten.

____

____

____

AUFGABE **2**

Können Autoimmunerkrankungen geheilt werden?

____

FAZIT

Die natürlichen Abwehrkräfte im Immunsystem des Menschen wehren Erreger ab und schützen vor Krankheiten. Die Abwehrkräfte bei Kindern – und auch bei erwachsenen Menschen – werden gestärkt durch viel Bewegung und frische Luft, ausreichend Schlaf und durch eine ausgewogene, gesunde Ernährung.

2.2 Hausapotheke

Eine Hausapotheke ist eine Sammlung von medizinischen Hilfsmitteln und Arzneimitteln für leichte Erkrankungen, Verletzungen, Notfälle und Erste Hilfe. Das Ablaufdatum von Arzneimitteln muss regelmäßig kontrolliert werden.

TIPP

Lagerung von Arzneimitteln und Hilfsmitteln
- kühl und trocken
- Medikamente regelmäßig überprüfen
- Originalverpackung und Beipackzettel aufheben
- Medikamente und Hilfsmittel unzugänglich vor Kindern und abgeschlossen aufbewahren

Wussten Sie?
Abgelaufene Medikamente können bei Schadstoffsammelstellen oder ggf. Apotheken abgegeben werden.

Inhalt einer Hausapotheke

Verbandmaterialien:
- Pflaster, Heftpflaster, Mullbinden und elastische Binden
- sterile Kompressen, Kühlkompressen, Mullkompressen
- Verbandmaterial für Brandwunden
- Dreiecktuch

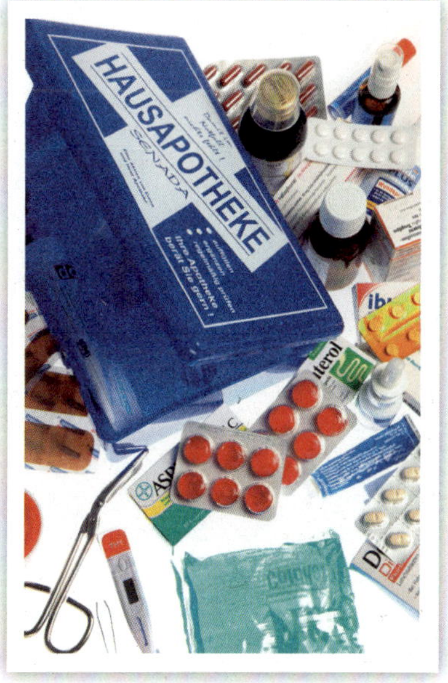

Inhalt einer Hausapotheke

Salben und Medikamente gegen:
- Schmerzen und Fieber
- Erkältungssymptome
- Verdauungsbeschwerden, Verstopfung und Durchfall
- Übelkeit und Erbrechen
- Brandwunden
- Insektenstiche und Sonnenbrand
- persönliche Medikamente

Weitere Hilfsmittel:
- Elektrolyte zum Ausgleich eines Flüssigkeitsverlustes
- Haut- und Wunddesinfektionsmittel
- Schere
- Splitterpinzette
- Zeckenzange
- Fieberthermometer
- Einmalhandschuhe
- Wärmflasche
- Erste-Hilfe-Anleitung
- Liste mit Telefonnummer behandelnder Ärzte und Notrufnummern

AUFGABE 1
Hausmittel schaffen Linderung bei leichten Krankheiten. Welche Hausmittel sind für Kinder geeignet? Zählen Sie auf.

____

____

____

AUFGABE 2
Kinder mögen ungern die Einnahme von Medikamenten. Wie können Sie die Einnahme angenehmer gestalten?

____

____

____

FAZIT
Eine Hausapotheke dient zur Linderung von leichten Erkrankungen und zur schnellen Versorgung von Verletzungen und Notfällen. Sie muss stets außer Reichweite von Kindern aufbewahrt werden.

3 Erziehung und Förderung

3.1 Erziehungsstile

Unter Erziehung werden alle Maßnahmen verstanden, die auf die Persönlichkeit des Kindes Einfluss nehmen. Dabei wird gewünschtes Verhalten gefördert und unerwünschtes Verhalten unterbunden. Erziehungsarbeit wird hauptsächlich von den Eltern oder Erziehungsberechtigten geleistet. Aber auch Lehrkräfte, Erzieherinnen in der Kinderbetreuung, Tagesmütter, Geschwister oder Trainer nehmen Einfluss auf die Erziehung. Erziehungsziele sollten daher mit allen Beteiligten abgesprochen werden.

Jeder an der Erziehung des Kindes Beteiligte besitzt jedoch unterschiedliche Erfahrungen, Werte, Charaktereigenschaften. Diese beeinflussen den Stil der Erziehung. Es gibt verschiedene Erziehungsstile, die jedoch meist als Mischform umgesetzt werden. Da Kinder sich in ihrer Entwicklung verändern, muss ggf. der Erziehungsstil angepasst werden. Erziehungsstile können nach dem Sozialpsychologen Kurt Lewin (1890–1947) eingeteilt werden in einen autoritären Stil, einen demokratischen Stil und einen Laisser-faire-Stil.

Laisser-faire (französisch) = das Gewährenlassen

Erziehungsstile nach Kurt Lewin

Erziehungsstil	Kennzeichen
Autoritär	→ aktive Rolle der Eltern → Eltern behalten die Kontrolle → Erziehung zu Disziplin und Pflichtbewusstsein → Kommunikation/Widerspruch wird nicht geduldet → Erziehung mit Belohnungen und Bestrafungen → Einhalten von strengen Regeln → Einhalten von Verboten → Selbstständigkeit wird nicht gefördert
Demokratisch	→ hohe Kommunikationsbereitschaft zwischen Eltern und Kind → Kommunikation ist auf Augenhöhe → Bedürfnisse und Wünsche werden ernst genommen → Entscheidung werden zusammen mit dem Kind getroffen → Raum für Diskussionen → Grenzen und Regeln werden erklärt → Selbstständigkeit des Kindes wird gefördert → Kind übernimmt mehr Verantwortung mit steigendem Alter
Laisser-faire	→ passive Rolle der Eltern → Kind hat viel Freiheit → keine Regeln oder Grenzen werden gesetzt → Selbstentfaltung steht im Vordergrund → Erziehungsstil kann in zwei Richtungen tendieren: • vernachlässigend • verwöhnend

TIPP

Wissenswertes zur Erziehung von Kindern:
- → Zeit für das Kind nehmen
- → emotionale Sicherheit geben
- → liebevoll und einfühlsam mit dem Kind umgehen
- → Vertrauen schaffen
- → respektvoll und wertschätzend mit dem Kind kommunizieren
- → Bedürfnisse, Wünsche und Interessen des Kindes ernst nehmen
- → auf die Stärken des Kindes konzentrieren und diese fördern
- → auf Bauchgefühl und gesunden Menschenverstand verlassen
- → Entscheidungen begründen und Standpunkte erklären
- → Ich-Botschaften senden
- → immer der Situation angepasst handeln
- → Rituale einführen und einhalten
- → klare Regeln vorgeben und diese konsequent einhalten
- → Grenzen setzen, Konsequenzen aufzeigen
- → nicht mit körperlicher Gewalt bestrafen
- → bei Problemen um Hilfe suchen

AUFGABE 1

Der autoritative (nicht zu verwechseln mit autoritäre) Erziehungsstil wird als der goldene Mittelweg der Erziehungsstile angesehen. Recherchieren Sie und nennen Sie die Merkmale des autoritativen Erziehungsstils in Stichpunkten.

____

____

____

____

____

AUFGABE 2

Einige Tipps zur Erziehungsarbeit sind getrennt worden. Verbinden Sie die Satzteile.

respektvoll und wertschätzend	und diese fördern
Bedürfnisse, Wünsche und Interessen	und diese konsequent einhalten
Rituale einführen und	für das Kind nehmen
immer der Situation	des Kindes ernst nehmen
Entscheidungen begründen	senden
Zeit	und Standpunkte erklären
Vertrauen	mit dem Kind kommunizieren
nicht mit körperlicher Gewalt	angepasst handeln
auf die Stärken des Kindes konzentrieren	bestrafen
klare Regeln vorgeben	einhalten
Ich-Botschaften	schaffen

FAZIT

Erziehung umfasst alle Maßnahmen, die die Persönlichkeitsentwicklung des Kindes positiv fördern. Erziehung folgt keinem starren Muster, sie muss der Situation und dem Kind angepasst erfolgen und ist geprägt von Einfühlsamkeit, Verständnis, Respekt und der beiderseitigen Einhaltung klarer Regeln.

3.2 Medienerziehung und Digitalisierung

Unter dem Begriff „digitale Medien“ werden alle elektronischen „neuen“ Medien verstanden, das sind z. B. Mobiltelefone, Tablet, Spielekonsolen, internetfähige Computer und digitales Fernsehen. Der Umgang mit diesen Medien ist schnell gelernt, jedoch müssen Eltern und Betreuer den kindgerechten Umgang damit sinnvoll begleiten.

Unter Medienerziehung werden alle Maßnahmen zusammengefasst, die Kinder benötigen, um mit digitalen Medien sicher, kompetent, aber auch kritisch umzugehen. Ziel der Medienerziehung ist Medienkompetenz (→ Kapitel 1, 2.2).

TIPP

Wissenswertes zur Medienerziehung
Mobiltelefone und Tablets:
- klare Regeln für Bildschirmzeiten vereinbaren
- kein Mobiltelefon, Tablet während des Essens bei Tisch
- In-App-Käufe auf Mobiltelefonen und Tablets deaktivieren

Computerspiele und Spielekonsolen:
- Spiele gemeinsam mit dem Kind auswählen
- auf die Altersfreigabe USK oder PEGI achten
- Computerspiele prüfen: kindgerecht? gewaltverherrlichend?
- Jugendschutzeinstellungen aktivieren

Internet:
- Kindersicherungen aktivieren
- Kindersuchmaschinen einrichten
- aus allen Konten ausloggen, bevor das Kind online surft – schützt vor Käufen
- Bezahlmöglichkeiten in Apps oder bei Downloads ausschalten
- Unterschied zwischen Inhalt und Werbung erklären
- keine persönlichen Daten preisgeben lassen
- Gefahren von Spam und Phishing aufzeigen
- E-Mails unbekannter Absender nicht öffnen lassen
- regelmäßig Updates installieren – schließt Sicherheitslücken

Empfohlene Bildschirmzeiten

Alter	Bildschirmzeit
0 bis 5 Jahre	½ Stunde
6 bis 9 Jahre	1 Stunde
ab 10 Jahre	10 Minuten pro Lebensjahr/Tag oder eine Stunde pro Lebensjahr/Woche

Bildschirmzeiten müssen an das Alter des Kindes angepasst sein

FAZIT
Digitale Medien gehören zum Lebensalltag und sollten Kindern nicht verboten werden. Sie sollten jedoch lernen, mit den digitalen Medien sicher, kompetent und kritisch umzugehen.

AUFGABE 1
Was sind analoge Medien?

____

____

____

AUFGABE 2
Wie viel Bildschirmzeit wird für einen 13 Jahre alten Jugendlichen empfohlen?

____

____

3.3 Nachhaltigkeit und Umwelterziehung

Zur Umwelterziehung zählen alle Maßnahmen, die Kinder zu einem umweltfreundlichen, naturschützenden und nachhaltigen Verhalten und Konsum anregen. Eltern und Betreuer sind dabei Vorbilder. Je nach Alter sollten Kinder im Alltag für folgende Themen sensibilisiert werden:
- Klimawandel und Erderwärmung,
- Rückgang der Artenvielfalt,
- Tierschutz,
- Abholzung des Regenwaldes,
- Wasser-, Luft- und Umweltverschmutzung,
- Abfallaufkommen, Mülltrennung und Abfallvermeidung,
- nachhaltiger Umgang mit Ressourcen: Wasser, Energie, Nahrung,

- nachhaltige, fleischarme Ernährung,
- nachhaltiger Konsum.

TIPP

Wissenswertes zur Umwelterziehung

- Licht ausschalten und Heizung zurückdrehen in ungenutzten Räumen
- auf gute Qualität und Langlebigkeit bei Produkten achten
- auf geringen Energieverbrauch bei neuen Elektrogeräten achten
- nachhaltig konsumieren (anhand der Konsumpyramide)
- biologisch angebaute und fair gehandelte Lebensmittel einkaufen
- regionale und saisonale Nahrungsmittel einkaufen
- mit Kindern kochen, backen, nähen, ausbessern, reparieren
- Ausflüge in die Natur machen
- mit Kindern Müll in der Natur einsammeln
- Plastikverpackungen vermeiden
- regionale, kleine Händler unterstützen
- unnötige Autofahrten vermeiden
- Abfall vermeiden

AUFGABE **1**

Was ist Klimawandel? Kreuzen Sie die richtigen Antworten an.

- ◯ schlechtes Wetter über einen Zeitraum von sieben Tagen
- ◯ Abkühlung oder Erwärmung des Klimas auf der Erde über einen längeren Zeitraum
- ◯ globale Erderwärmung
- ◯ Ansteigen der Temperatur in den Tropen
- ◯ Veränderung der Strömungen in den Meeren

Ein kleiner Vogelliebhaber repariert einen Nistkasten.

AUFGABE **2**

Wie können Sie Abfall vermeiden? Zählen Sie mindestens acht Punkte auf.

______________________ ______________________

______________________ ______________________

______________________ ______________________

______________________ ______________________

AUFGABE 3

Der Bluetooth-Lautsprecher funktioniert nicht mehr. Sie benötigen das Gerät aber für eine Feier in einer Woche und möchten kein neues Gerät kaufen. Nennen Sie nachhaltige Konsumalternativen anhand der Konsumpyramide.

____

____

____

FAZIT

Erziehung zu Umweltschutz und Nachhaltigkeit sollte täglich in den Alltag miteingebunden werden. Schon Kleinkinder können so zu einer umweltfreundlichen und nachhaltigen Verhaltensweise angeregt werden.

3.4 Rituale, Bräuche und Feste

Rituale

Rituale sind Handlungen, die immer gleich ablaufen, die sich wiederholen und die wiederkehren. Das können vertraute Abläufe im täglichen Familienalltag, der Schule oder einem Verein sein. Für Kinder sind Rituale wichtige Orientierungshilfen. Sie vermitteln Struktur und Halt in schwierigen Situationen.

Warum sind Rituale für Kinder so wichtig?

- Sie sind verlässlich und vorhersehbar.
- Sie geben Vertrauen, Sicherheit und Geborgenheit.
- Sie vermitteln ein Zugehörigkeits- und Gemeinschaftsgefühl.
- Sie reduzieren Ängste.
- Sie unterstützen beim Lernen.
- Sie fördern die Konzentration.

BEISPIELE:

- feste Morgenrituale: z. B. Lieblingskuscheltier weckt das Kind
- feste Mahlzeiten mit festen Sitzplätzen
- Verwenden der Lieblingstasse beim Frühstück
- Mithilfe beim Kochen, Tischdecken, Abräumen, Abwaschen
- Tischgebet vor dem Essen, sich einen guten Appetit wünschen, Kerze anzünden
- feste Abendrituale: z. B. Gute-Nacht-Geschichte oder Hörbuch
- Zahnbürste hat immer dieselbe Farbe
- täglich gleiche Zubettgehzeiten

Wussten Sie?
Rituale können auch verändert und angepasst werden, z. B. Mittagsschlaf wird zu „ruhiger Spielzeit" im Kinderzimmer umgewandelt.

Ritual vor einem Fußballspiel

Bräuche

Bräuche sind wiederkehrende Handlungen und Rituale, die Traditionen fortführen und weitergeben. Bräuche werden der Gemeinschaft ausgeübt, sind oft an Religion gekoppelt und oft regional unterschiedlich. Bräuche geben Sicherheit, Gemeinschafts- und Heimatgefühl.

Wussten Sie?
Bräuche sind Kulturgut. Sie müssen an Kinder weitergegeben werden, damit sie aufrechterhalten werden und fortbestehen.

BEISPIELE:
- Sankt Martin
- Sternsingen an Heilige Drei Könige
- Maifest mit Maibaumaufstellen
- Schuhplattlern
- Feuerwerk an Silvester
- Karneval/Fastnacht/Fasching
- Schultüte bei der Einschulung

Kinder tanzen um einen Maibaum

Wussten Sie?
Einige deutsche Bräuche sind in das immaterielle Kulturerbe der UNESCO aufgenommen, z. B. die Passionsspiele Oberammergau, die Landshuter Hochzeit oder der rheinische Karneval.

Feste

Ein Fest ist eine Veranstaltung zu einem besonderen Anlass. Durch Feste und Feiern wird der Alltag aufgelockert und unterbrochen. Kinder lieben Feste und Feiern. Sie freuen sich sehr auf das Besondere, helfen gerne bei der Planung und Vorbereitung und haben Spaß beim Feiern. In viele Feste werden Rituale miteingebunden. Feste und besondere Ereignisse bleiben Kindern lange in Erinnerung.

Geburtstagsfest mit Torte und Kerze

Feste werden eingeteilt in:
- persönliche Feste und Familienfeste, z. B. Geburtstag, Taufe, Hochzeit,
- kirchliche bzw. religiöse Feste, z. B. Ostern, Weihnachten, Erntedankfest,
- gesellschaftliche Feste, z. B. Vereinsfest, Straßenfest, Dorffest.

AUFGABE 1
Welche Bräuche gibt es in Ihrer Region? Zählen Sie auf.

FAZIT
Rituale, Bräuche und Feste sind wichtige Handlungen und Ereignisse im Leben eines Kindes. Sie dienen als Orientierungshilfen, geben ein Gefühl von Zugehörigkeit, Gemeinschaft, Familie und Heimat.

3.5 Spielen

Kinder haben das Recht auf Spiel, Freizeit und Erholung – ein Grundrecht in der UN-Kinderrechtskonvention (→ Kapitel 1, 3.1) von 1989. Für Kinder ist Spielen ein Grundbedürfnis. Sie spielen ab dem Säuglingsalter täglich mehrere Stunden aus freiem Antrieb.

Spielen bedeutet Lernen. Kinder sind von Natur aus neugierig und entwickeln dadurch ihre geistigen, motorischen und sozialen Fähigkeiten immer weiter. Ab ca. drei Jahren spielen Kinder zusammen mit Gleichaltrigen. Das fördert Sozial- und Selbstkompetenzen. In dieser Zeit beginnt auch die magische Phase, die unermüdliche Vorstellungskraft, die für das kreative, fantasievolle Spielen ausschlaggebend ist.

Warum Spielen für die Entwicklung wichtig ist:
- Spielen bringt Glück, Freude und Spaß.
- Geistige Fähigkeiten werden weiterentwickelt.
- Denkvermögen und Gedächtnis werden angeregt.
- Grob- und feinmotorische Fähigkeiten werden verfeinert.
- Geschicklichkeit wird gefördert.
- Kreativität und Fantasie werden gefördert.
- Das Einhalten von Regeln wird geschult.
- Mit Misserfolg wird gelernt umzugehen.
- Verlieren wird gelernt.

Wussten Sie?
Ein Überangebot an Spielzeug überfordert Kinder. Die natürliche Neugier der Kinder wird blockiert. Sie benötigen zum Spielen prinzipiell kein Spielzeug. Durch Fantasie, Improvisieren und Kreativität werden Gegenstände und Naturmaterialien zum Spielzeug.

Spielen mit Alltagsgegenständen fördert die Fantasie.

Spiele können eingeteilt werden in:
- Lern- und Förderspiele: Sprachlernspiele, Wissensquizze,
- Rollenspiele: Kinder schlüpfen in verschiedene Rollen, spielen Geschlechterrollen, spielen Alltag,
- Bewegungs- und Reaktionsspiele: Ballspiele, Fangen, Verstecken, um die Wette laufen,
- Spiele mit Regeln: Kartenspiele, Brettspiele,
- Konzentrationsspiele: Puzzle, Memory, Bausätze zusammenbauen, Mikado,
- Computer- und Konsolenspiele: Abenteuer-, Jump 'n' Run-, Autorennen-, Simulations-, Action- oder Strategiespiele.

TIPP

Wissenswertes zum Spielen und zu Spielzeugen:
- wenig Spielzeug anbieten – ein Überangebot vermeiden
- Spielzeug regelmäßig ausmisten bzw. im Keller verstauen
- Interesse an Spielzeug beobachten und ggf. Spielzeug ergänzen, z. B. mit mehr Schienen für die Eisenbahn
- Alltagsgegenstände zum Spiel anbieten
- Naturmaterialien sammeln und zum Spielen verwenden
- beim Kauf auf stabiles, hochwertiges und langlebiges Spielzeug achten
- Spielzeug mit anderen Familien tauschen
- auf sicheres Spielzeug achten, Prüfsiegel beachten, z. B. Geprüfte Sicherheit (GS) oder VDE-Zeichen
- auf Kunststoffspielzeug weitestgehend verzichten
- Holzspielzeug sollte unlackiert sein
- auf Waschbarkeit bei Plüschtieren achten
- Spielzeug für Säuglinge und Kleinkinder unter drei Jahren muss groß genug sein – Gefahr des Verschluckens

TIPP

Legen Sie eine Kiste an, in der Alltagsgegenstände gesammelt werden, die das Kind zum Spielen verwenden kann, z. B. alte Kochlöffel, Musikinstrumente, Stoff.

AUFGABE **1**

Stellen Sie Ihrer Lerngruppe ein Spiel aus Ihrer Kindheit vor, welches in der Gruppe gespielt werden kann, z. B. Stille Post. Halten Sie alle Ergebnisse in einem Portfolio fest, erklären Sie die Spielregeln und Voraussetzungen zum Spiel. Teilen Sie das Portfolio, z. B. in Form eines kleinen Büchleins, mit Ihrer Lerngruppe.

AUFGABE **2**

a) Gestalten Sie in Ihrer Lerngruppe ein Würfel-Brettspiel mit Ereigniskarten und Spielregeln für Kinder ab sechs Jahren. Teilen Sie die Arbeit in der Lerngruppe auf:

- Gestaltung des Spielfeldes
- Entwicklung der Ereigniskarten
- Erstellen der Spielregeln
- Bauen einer Spielverpackung
- Finden eines geeigneten Namens

b) Testen Sie das Spiel und machen Sie ggf. Verbesserungen.

c) Stellen Sie das Spiel in einer größeren Auflage für den Verkauf her. Bedenken Sie Aspekte der Nachhaltigkeit, ermitteln Sie die Kosten und Verkaufsorte.

FAZIT

Spielen bringt Spaß und Glück, dabei wird auf kindliche Art und Weise unermüdlich gelernt. Beim Spielen werden motorische, geistige und soziale Fähig- und Fertigkeiten ausgebildet, Sozial- und Selbstkompetenzen werden erlernt und erweitert und die Fantasie und die Kreativität werden gefördert.

Diversität in der Gesellschaft

Diversität bedeutet Vielfalt. Der Begriff kommt in vielen Bereichen vor. In der Soziologie und der Pädagogik bezeichnet er eine vielfältige Gesellschaft. In einer vielfältigen Gesellschaft können alle Menschen teilhaben. Die Vielfalt ist für jede Gesellschaft und für jede Gemeinschaft eine Chance im positiven Sinne. Eine diverse Gesellschaft inkludiert Menschen:

- jeden Alters,
- jeden Geschlechtes (weiblich/männlich/divers),
- jeder sexuellen Identität und Orientierung,
- jeder Kultur bzw. Ethnie,
- jeder Religion/Weltanschauung,
- mit jeder Art von Behinderung.

Wussten Sie?
Der Geschlechtseintrag „divers“ gilt seit 2018 als dritte Option neben weiblich und männlich in Deutschland.

Dass alle Menschen Wertschätzung und Respekt erfahren, sollte selbstverständlich sein. Jedoch werden viele Menschen ausgeschlossen, diskriminiert oder bedroht. Vorurteile, Angst und Intoleranz gegenüber Verschiedenheit bedrohen eine Gesellschaft. Die Angst vor Fremden, vor Neuem oder vor Andersartigkeit äußert sich durch ablehnende Haltungen, z. B. in sozialen Medien. Damit Menschen nicht durch eine ablehnende Grundstimmung ausgrenzt werden, ist es wichtig, in der Gesellschaft ein Bewusstsein für Vielfalt und Verschiedenheit zu schaffen und zu leben.

Wie kann Diversitätsbewusstsein geschaffen und gelebt werden?

In Kindergarten und Schulen:

- Umsetzung von Inklusion (Kinder ohne Behinderung und Kinder mit Behinderung lernen gemeinsam),
- Abschaffung von Separation, Exklusion und Integration.

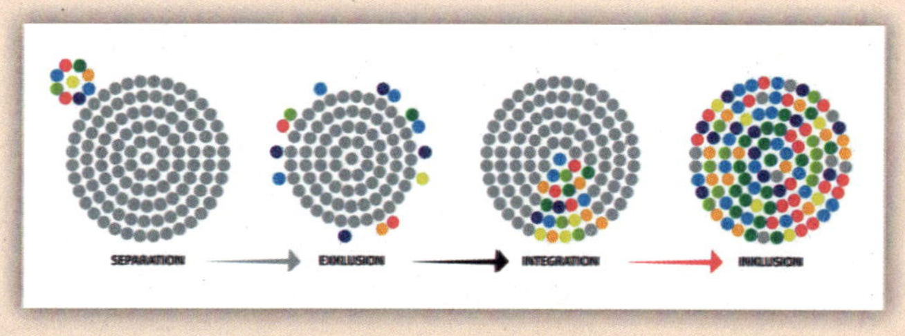

Umsetzung von Inklusion

In Ausbildung und Beruf:

- Allgemeines Gleichbehandlungsgesetz von 2006 – Gesetz zum Schutz gegen Benachteiligung und Diskriminierung durch den Arbeitgeber,
- Charta der Vielfalt – stärkt Vielfalt am Arbeitsplatz, unterzeichnet von 3 600 Unternehmen und Institutionen (Stand: November 2020),
- Deutscher Diversity-Tag – findet jährlich statt, schafft Bewusstsein.

Wie kann jeder zu einer diversen Gesellschaft beitragen?

- Toleranz: offen und respektvoll gegenüber allen Menschen sein,
- Unterschiede und Andersartigkeit akzeptieren und als Bereicherung ansehen,
- anderen Kulturen und Religionen gegenüber offen sein und Interesse zeigen,
- Bewusstsein für Vorurteile entwickeln, eigene Vorurteile hinterfragen und abbauen,

- Empathie und Einfühlungsvermögen entwickeln und zeigen,
- strukturelle Diskriminierung erkennen und abbauen.

Wussten Sie?
Der Begriff „Diversität“ bedeutet Vielfalt. Durch Diversität erfährt eine Gesellschaft Bereicherung. Eltern, Betreuer, Lehrkräfte und Ausbilder müssen Vorbilder sein und den Vielfältigkeitsgedanken leben.

AUFGABE 1
Was bedeutet für Sie Diversität? Legen Sie zu diesem Begriff eine eigene Wortsammlung aus Nomen, Verben und Adjektiven an. Finden Sie so viele Wörter wie möglich, jedoch mindestens 15.

Toleranz		
respektvoll		
Vielfältigkeit		
gemeinsam		
Sprache		
zusammenhalten		
offen		

AUFGABE 2
Entwerfen Sie mit den Wörtern Ihrer Wortsammlung eine „Wortwolke“ zum Thema „Diversität“ auf einem Beiblatt.

Eine Wortwolke ist eine Methode zur Visualisierung von Informationen zu einem bestimmten Thema, Begriff oder Wort. Dabei können Wörter durch Mehrfachnennung oder vergrößerte Schrift hervorgehoben werden.

Wortwolke zum Thema „Schule“

AUFGABE 3
a) Präsentieren Sie die erstellte Wortwolke Ihrer Lerngruppe.
b) Entscheiden Sie sich dabei für Ihre „Top-3-Wörter“ und erklären Sie, weshalb Ihnen diese im Zusammenhang mit dem Begriff „Diversität“ besonders wichtig sind.
c) Geben Sie zu jedem Wort zwei Beispiele aus Ihrem Leben an.

BEGRIFF	NOTIZEN/ÜBERSETZUNG	
		1.1
das Trimester		
der Embryo		
die Plazenta		
das Skelett		
der Fötus		
die Käseschmiere		
		1.2
die Muskulatur		
die motorische Entwicklung		
das Immunsystem		
die Infektion		
industriell		
		1.3.1
die grobmotorischen/ feinmotorischen Fähigkeiten		
die Rituale		
		1.3.2
die Grobmotorik		
die Feinmotorik		
die Balance		
die Links-/Rechtshändigkeit		
die Koordination		
		1.3.3
die Ichbezogenheit		
die Autonomiephase		
die Trotzreaktion		
		1.3.4
die komplexen Zusammenhänge		
die magische Phase		
vage		
die Pirouetten		
		1.4
der Gegenpol		

	BEGRIFF	NOTIZEN/ÜBERSETZUNG
	der rege Kontakt	
1.5	die Pubertät	
	die Provokation	
2.1	die Parasiten	
	das schwache/geschwächte Abwehrsystem	
	das starke Immunsystem	
	die natürlichen Abwehrkräfte	
	die Autoimmunerkrankung	
2.2	die sterilen Kompressen	
	die Elektrolyte	
3.1	die Charaktereigenschaften	
	der autoritäre Erziehungsstil	
	der demokratische Erziehungsstil	
	der Laisser-faire-Erziehungsstil	
	die emotionale Sicherheit	
	der autoritative Erziehungsstil	
3.2	die Digitalisierung	
	die digitalen/„neuen“ Medien	
	die In-App-Käufe	
	die Altersfreigabe USK/PEGI	
	der Download	
	der/die/das Spam	
	das Phishing	
	das Update	
3.3	der Konsum	
	die Artenvielfalt	

BEGRIFF	NOTIZEN/ÜBERSETZUNG
die Ressourcen	
die Langlebigkeit	
fair	
regional	
saisonal	
3.4	
die Orientierungshilfe	
die Struktur	
das Ritual/das Morgenritual/ das Abendritual	
der Brauch	
die Tradition	
das Kulturgut/die Kulturgüter	
das immaterielle Kulturerbe der UNESCO	
3.5	
das Grundbedürfnis	
die Gleichaltrigen	
prinzipiell	
das Improvisieren	
Geprüfte Sicherheit (GS)/ das Prüfsiegel	
das VDE-Zeichen	
das Portfolio	
Exkurs	
die Diversität	
die Soziologie	
die diverse Gesellschaft	
inkludiert/inkludieren	
die sexuelle Identität	

BEGRIFF	NOTIZEN/ÜBERSETZUNG
die sexuelle Orientierung	
der dritte Geschlechtseintrag „divers“	
die Intoleranz	
das Diversitätsbewusstsein	
die Separation	
die Exklusion	
die Integration	
die Inklusion	
das Allgemeine Gleichbehandlungsgesetz	
die Charta der Vielfalt	
der Diversity-Tag	
die Andersartigkeit	
die strukturelle Diskriminierung	
der Vielfältigkeitsgedanke	

3 BETREUUNG UND VERSORGUNG VON MENSCHEN MIT BEHINDERUNG

1 Der Begriff der Behinderung

1.1 Medizinische, soziale und rechtliche Sicht auf Behinderung

Der Begriff „Behinderung“ kann aus medizinischer, aus sozialer und aus rechtlicher Sicht definiert werden. Die medizinische Sicht auf Behinderung hat die Heilung als Ziel. Die soziale Sicht auf Behinderung hat die Abschaffung von Barrieren (Hindernissen) zum Ziel.

Aus medizinischer Sicht: Das Mädchen ist behindert. Sie kann nicht gehen.

Aus sozialer Sicht: Der Junge wird behindert. Er kann den Einstieg in den Zug nicht nutzen.

Das deutsche Sozialrecht definiert den Begriff im neunten Buch des Sozialgesetzbuches (SGB IX) in Artikel 2 aus rechtlicher Sicht.

Art. 2 SGB IX
Menschen mit Behinderungen sind Menschen, die körperliche, seelische, geistige oder Sinnesbeeinträchtigungen haben, die sie in Wechselwirkung mit einstellungs- und umweltbedingten Barrieren an der gleichberechtigten Teilhabe an der Gesellschaft mit hoher Wahrscheinlichkeit länger als sechs Monate hindern können. Eine Beeinträchtigung nach Satz 1 liegt vor, wenn der Körper- und Gesundheitszustand von dem für das Lebensalter typischen Zustand abweicht. Menschen sind von Behinderung bedroht, wenn eine Beeinträchtigung nach Satz 1 zu erwarten ist.

AUFGABE 1

Vervollständigen Sie den Dialog mit den folgenden Wörtern.
behindert – Behinderung – Hinderungsgrund – hindert – Aufzug – Lehrjahr – Alltagstätigkeiten – Frühschicht – Gastronomie – Azubis – Ausbildung – geistig behindert – körperlich – Arbeitszeiten

„Hallo Mareike, wie geht es dir?“

„Hallo Charles. Lange nicht gesehen! Mir geht es ganz gut, irgendwie ist alles gerade ein bisschen chaotisch – du weißt ja, ich ziehe gerade um.“

„Ja genau, in das Wohnheim am Steg. Gefällt es dir?“

„Das Wohnheim an sich ist toll, die anderen ____________________, die dort wohnen, auch. Nur mein Zimmer ist blöd. Es ist im sechsten Stock. Und du weißt ja, es gibt keinen ____________________!“

„Dann bist du ja auch noch unter dem Dach! Im Sommer wird es dort sicherlich warm werden.“

„Richtig doof, ich sag es dir! Aber es war kein ____________________ einzuziehen. Aber sobald ein Zimmer weiter unten frei wird, möchte ich wechseln.“

„Und wie gefällt dir die Arbeit im Marienstift? Da machst du doch die ____________________, oder?“

„Ja genau. Ich bin im zweiten ____________________. Das Stift ist toll und ich mag die Bewohner dort sehr gerne. Alle haben Behinderungen, manche sind körperlich ____________________, manche sind ____________________.“

„Ist das nicht anstrengend, den ganzen Tag mit Menschen mit ____________________ zu arbeiten?“

„Na ja, manchmal schon. Also es ist ____________________ anstrengend. Die Menschen, die an körperlichen Behinderungen leiden, benötigen oft Hilfe bei ____________________, z. B. beim Duschen am Morgen.“

„Und wie sind deine ____________________?“

„Meistens arbeite ich die ____________________, das ist von 6:00 Uhr bis 14:00 Uhr. Die spätere Schicht ist von 14:00 Uhr bis 22:00 Uhr, die ist ziemlich lästig, weil ich nie dabei bin, wenn meine Freunde etwas unternehmen.“

„Ja, die Arbeit abends ____________________ einen an allen möglichen Aktivitäten. Ich kenne das von der ____________________.“

„Genau! Echt total nervig. Du kennst das ja! Tschüss, Charles!“

FAZIT

Der Begriff „Behinderung“ kann aus medizinischer, sozialer und rechtlicher Sicht erläutert werden. Nach deutschem Sozialrecht sind Menschen mit Behinderungen Menschen, die körperliche, seelische, geistige oder Sinnesbeeinträchtigungen haben, die vom für das Alter typischen Zustand abweichen und die länger als sechs Monate andauern.

1.2 Arten der Behinderung

Es gibt Menschen ohne Behinderung, mit leichter Behinderung, mit schwerer Behinderung und Schwerstbehinderung. Fast acht Millionen Menschen in Deutschland sind schwerbehindert. Das ist jeder zehnte Mensch. Menschen können verschiedene Arten von Behinderungen haben. Manche Behinderungen sind ersichtlich, z. B. körperliche Behinderungen. Andere dagegen sind nicht erkennbar, z. B. seelische oder geistige Behinderungen.

Behinderungen können eingeteilt werden in angeborene oder erworbene Behinderungen. Angeborene Behinderungen sind schon bei der Geburt vorhanden, erworbene Behinderungen werden erst im Laufe des Lebens erworben.

ANGEBORENE BEHINDERUNGEN	ERWORBENE BEHINDERUNGEN
pränatal (vor der Geburt)	perinatal (bei der Geburt)
vererbt (von den Eltern und Vorfahren)	durch Krankheit
durch Anomalie der Chromosomen	durch Unfall
	aufgrund des Alters

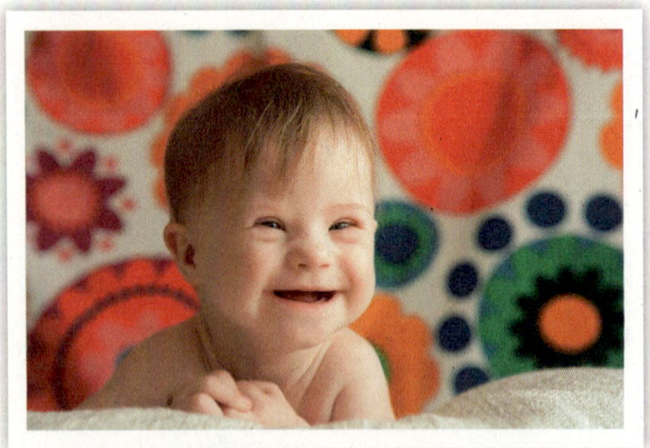

Beispiel für eine angeborene Behinderung: Down-Syndrom

Mann mit einseitiger Lähmung nach Schlaganfall

Verschiedene Behinderungsarten

Körperliche Behinderungen sind z. B.:

- Schädigung oder Fehlbildung des Skelettsystems,
- Schädigung des Zentralnervensystems,
- Schädigung von Gliedmaßen,
- Schädigung von Muskelsystemen,
- Schädigung von Knochen oder Gelenken,
- Schädigung des Herz-Kreislauf-Systems,
- Schädigung durch chronische Krankheiten,
- Schädigung durch Organfehlfunktion.

Seelische (psychische) Störungen und Behinderungen sind z. B.:
- schizophrene und wahnhafte Störungen,
- affektive Störungen,
- Belastungs- und Anpassungsstörungen,
- Persönlichkeits- und Verhaltensstörungen,
- Behinderungen durch Sucht.

Geistige (kognitive) Behinderungen sind z. B.:
- kognitive Entwicklungsverzögerungen,
- Teilleistungsstörungen, z. B. Legasthenie,
- Lernbehinderungen,
- Intelligenzminderungen.

Sinnesbeeinträchtigungen sind z. B.:
- Schwerhörigkeit und Gehörlosigkeit,
- Sehbehinderung und Blindheit,
- Taubblindheit.

Wussten Sie?
Treten bei einem Menschen mehrere Arten von Behinderung gleichzeitig auf, spricht man von einer Mehrfachbehinderung.

Grad der Behinderung, Schwerbehindertenausweis und Nachteilsausgleich

Je nach Grad der Behinderung (GdB) benötigen Menschen mit Behinderung Betreuung, Unterstützung und Hilfe. Der Grad der Behinderung wird in Zehnerschritten zwischen 20 und 100 angegeben.

Grad der Behinderung (GdB)

20 30 40 50 60 70 80 90 100

leicht behindert (20–40) … schwer behindert (90–100)

Ab einem Behinderungsgrad von 50 kann ein Schwerbehindertenausweis beantragt werden. Darin werden der Grad der Behinderung und gesundheitliche Merkmale eingetragen. Der Ausweis berechtigt zu einem erhöhten Kündigungsschutz, mehr Urlaub, Vergünstigungen bei öffentlichen Verkehrsmitteln und Museen, steuerlichen Vergünstigungen. Diese Berechtigungen werden Nachteilsausgleich genannt.

AUFGABE **1**

Ordnen Sie folgende Erkrankungen und Behinderungen der jeweiligen Behinderungsart zu.
Autismus – Skoliose – Depression – Down-Syndrom – verminderte Intelligenz – Glasknochenkrankheit – Psychose – Schwerhörigkeit – Amputation – Querschnittslähmung – Asperger-Syndrom – Multiple Sklerose – Dyskalkulie – Borderline-Störung – Arthritis – Epilepsie – Spastik – Angststörung – Morbus Crohn

Körperliche Behinderungen	
Seelische (psychische) Störungen und Behinderungen	
Geistige (kognitive) Behinderungen	
Sinnesbeeinträchtigungen	

AUFGABE **2**

Wann gelten Menschen als schwerbehindert?

____

____

____

FAZIT

Behinderungen können in angeborene und erworbene Behinderungen eingeteilt werden. Sie lassen sich außerdem in körperliche, seelische, geistige Behinderungen und Sinnesbeeinträchtigungen einteilen. Behinderungen können auch nach ihrer Schwere eingeteilt werden.

2 Betreuung von Menschen mit Behinderungen

2.1 Barrierefreiheit

Barrierefreiheit bedeutet die Anpassung der Umwelt an alle Menschen – auch an Menschen mit Behinderungen. Früher mussten sich Menschen mit Behinderungen an die Umwelt anpassen. Barrierefreiheit ist rechtlich im Gesetz zur Gleichstellung von Menschen mit Behinderungen (BGG) der Bundesrepublik Deutschland von 2002 und der UN-Behindertenrechtskonvention von 2009 geregelt.

Wussten Sie?
Die UN-Behindertenrechtskonvention ist ein Menschenrechtsvertrag und gilt in 117 Staaten. Die Konvention setzt sich für Barrierefreiheit, Teilhabe, Selbstbestimmung und Gleichberechtigung von Menschen mit Behinderungen ein.

§ 4 BGG
Barrierefrei sind bauliche und sonstige Anlagen, Verkehrsmittel, technische Gebrauchsgegenstände, Systeme der Informationsverarbeitung, akustische und visuelle Informationsquellen und Kommunikationseinrichtungen sowie andere gestaltete Lebensbereiche, wenn sie für Menschen mit Behinderungen in der allgemein üblichen Weise, ohne besondere Erschwernis und grundsätzlich ohne fremde Hilfe auffindbar, zugänglich und nutzbar sind. Hierbei ist die Nutzung behinderungsbedingt notwendiger Hilfsmittel zulässig.

Das bedeutet:
- barrierefreie Gebäude (Aufzug, Rampe) und öffentliche Plätze,
- barrierefreie Verkehrsmittel,
- barrierefreie Gebrauchsgegenstände,
- barrierefreie Freizeiteinrichtungen,
- barrierefreie Dienstleistungen:
  - barrierefreie Formulare,
  - barrierefreie Vordrucke,
- barrierefreie Internetseiten:
  - leichte Sprache bzw. Gebärdensprache,
  - Bebilderungen,
  - barrierefreie Videos.

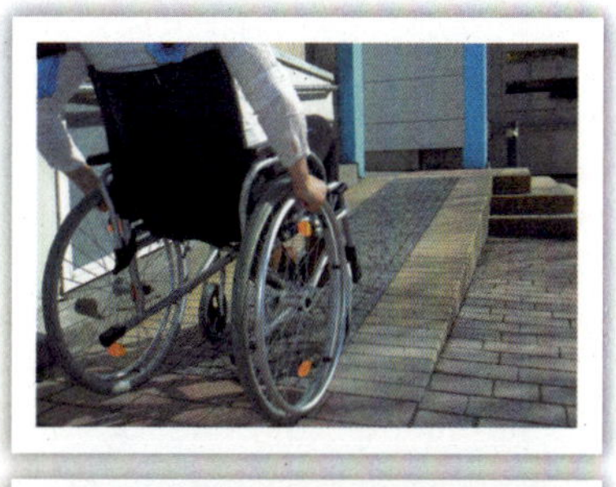

AUFGABE 1

a) Ist Ihre Berufsschule bzw. Berufsfachschule (einschließlich Internetauftritt) barrierefrei für folgende Personengruppen?
- gehörlose Menschen
- Menschen mit Sehbehinderung

- Menschen im Rollstuhl
- Menschen mit Intelligenzminderung

Gehen Sie in das Schulhaus, durch das Schulhaus, auf die Toilette, in die Unterrichts- und Fachräume und in den Pausenhof. Besuchen Sie auch die Internetseiten Ihrer Schule.

b) Wo müssten Verbesserungen vorgenommen werden? Zählen Sie auf!

FAZIT

Barrierefreiheit ist gesetzlich vorgeschrieben. Alle öffentlichen Gebäude müssen bei Neubau oder Umbau barrierefrei gestaltet werden. Dennoch gibt es noch Defizite in Sachen Barrierefreiheit, die in den nächsten Jahren abgebaut werden müssen.

2.2 Hilfsmittel

Hilfsmittel für Menschen mit Behinderungen erleichtern den Alltag und ermöglichen ein weitgehend selbstbestimmtes und unabhängiges Leben. Ihre Aufgabe ist es, die Behinderung auszugleichen. Die Art und Schwere der Behinderung entscheidet über den Einsatz von Hilfsmitteln. Hilfsmittel werden von der Krankenversicherung, der Pflegeversicherung oder der Unfallversicherung übernommen. Hilfsmittel werden eingeteilt in:

- Alltagshilfsmittel, z. B. Ess- und Trinkhilfen, Hilfen für die Küche, Treppenlift, Kompressionsstrümpfe,
- Pflegehilfsmittel, z. B. höhenverstellbare Waschbecken, Wannenlifte, Toilettenlifte, rutschfeste Duschmatten, Bettlifte,
- Mobilitätshilfsmittel, z. B. Orthesen, Prothesen, Gehstöcke, Rollatoren, Rollstühle, behindertengerechte Autos mit Fahrhilfen und Einstiegshilfen,
- Kommunikationshilfsmittel, z. B. spezielle Computer, Großtastaturen,
- Hilfsmittel für Schule, Studium, Ausbildung und Beruf,
- Sehhilfen, z. B. Brille, Blindenführhund,
- Hörhilfen, z. B. Hörgerät.

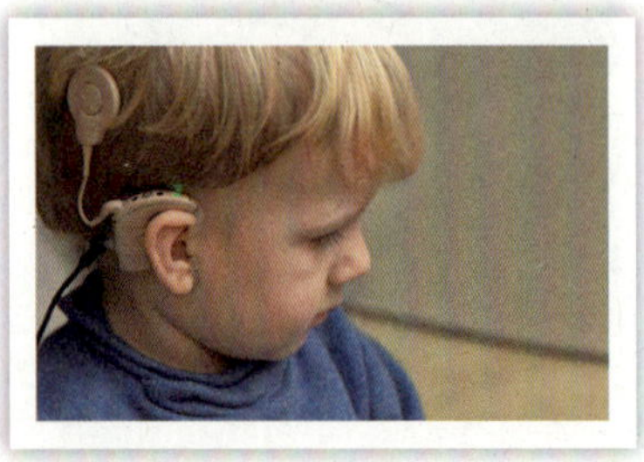
Hörhilfe

Braille-Tatstatur

Blindenführhund

Wussten Sie?
Orthesen liegen um ein Körperteil, sie stützen und schützen es. Prothesen ersetzt ein Körperteil. Ein Beispiel für eine Orthese ist eine Armschiene, eine Prothese ist zum Beispiel eine Armprothese.

AUFGABE **1**
Stellen Sie Ihrer Lerngruppe ein Hilfsmittel Ihrer Wahl anschaulich vor. Zeigen Sie das Produkt oder eine Abbildung davon, nennen Sie Verwendung, Pflege und Wartung und die Zielgruppe, für die das Produkt angefertigt wurde.

AUFGABE **2**
Ordnen Sie die korrekte Beschreibung zu.
für Menschen mit gesunden Venen – mit Öffnung am Ballen oder den Zehen – frei verkäuflich – starke Kompression mit kontrolliertem Druck – für bettlägerige Menschen – geringe Kompression – werden vom Facharzt verordnet – beugen Venenerkrankungen vor – werden in vier Kompressionsklassen eingeteilt – zur Thrombosevorbeugung – für Menschen mit gesunden Venen – für Menschen mit Venenerkrankungen, z. B. Besenreiser, Krampfadern, Thrombosen

Stützstrümpfe	
Medizinische Kompressionsstrümpfe	
Thrombosestrümpfe	

FAZIT
Hilfsmittel erleichtern den Alltag für Menschen mit Behinderungen. Sie werden bei Bedarf vom jeweiligen Versicherungsträger bezahlt. Durch die Verwendung von Hilfsmitteln erlangen Menschen mit Behinderungen mehr Selbstständigkeit zurück.

2.3 Teilhabe

Menschen mit Behinderung haben ein Recht auf Teilhabe am gesellschaftlichen Leben. Das ist auch im Sozialgesetzbuch verankert (→ Kapitel 3, 1.1). Je nach Art und Schwere der Behinderung sollen Menschen mit Behinderung im Alltag, im Beruf und an Kultur teilnehmen können. Teilhabe geschieht durch den Abbau von Barrieren und durch Inklusion in die Gesellschaft. Die Gesellschaft muss dazu beitragen, Menschen mit Behinderung teilhaben zu lassen und nicht auszuschließen.

Inklusion (sozialer Aspekt) + Barrierefreiheit (technischer Aspekt) = Teilhabe

Liebespärchen im Park macht Selfies

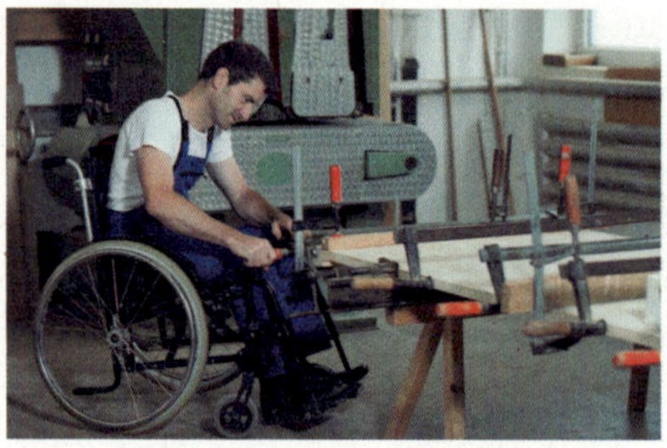

Schreiner spannt Holz in eine Schraubzwinge

TIPP

Wissenswertes und Tipps bei der Betreuung von Menschen mit körperlichen oder geistigen Behinderungen

- Ängste gegenüber Menschen mit Behinderungen abbauen
- Menschen mit Behinderungen wahrnehmen und nicht übersehen
- mit Menschen mit Behinderung normal umgehen – wie mit Menschen ohne Behinderungen
- respektvoll kommunizieren – mit und nicht über Menschen mit Behinderungen reden
- nicht mit der Begleitperson, dem Dolmetscher etc. sprechen, sondern mit der Person mit Behinderung
- erwachsene Menschen mit Behinderung siezen
- Hilfe nicht aufdrängen, Hilfe anbieten und Antwort abwarten
- Wünsche und Bedürfnisse wahr- und ernst nehmen und nicht über den Kopf hinweg entscheiden
- Hilfsmittel nicht wegräumen oder missbrauchen, z. B. Gehstock in den Schirmständer stecken

TIPP

Wissenswertes und Tipps bei der Betreuung von Menschen mit Sehbeeinträchtigungen

- sehr viel über Sprache kommunizieren, z. B. ankündigen, wenn Sie den Raum betreten oder verlassen
- nonverbale Kommunikation – besonders mit anderen Personen im Raum – vermeiden, keine „Geheimsprache“ oder Zeichen geben
- Gelächter, Streit oder unerwartete Geräusche erklären
- auf Dinge auf dem Tisch, z. B. Getränke oder Speisen, hinweisen
- Rituale einhalten – Gegenstände immer am gleichen Ort ablegen
- bei einem Spaziergang viel erklären oder beschreiben

TIPP

Wissenswertes und Tipps bei der Betreuung von Menschen mit Hörbeeinträchtigungen

- Fragen, ob der Hörbeeinträchtige von den Lippen ablesen möchte
- Thema nennen – Gespräche können so leichter verfolgt werden
- deutlich, laut und langsam sprechen
- mit Gestik und Mimik kommunizieren
- Hintergrundgeräusche (Straßenlärm, Musik) geringhalten
- Blickkontakt halten und immer zum Hörbeeinträchtigen hingewandt sprechen – Lippenlesen erleichtern
- Gesprächsregeln innerhalb einer Gruppe einhalten – nicht durcheinander sprechen

Wussten Sie?

Menschen mit Behinderung haben einen Anspruch auf persönliche Assistenz. Die Assistenz unterstützt im Alltag, im Beruf oder in der Freizeit, z. B. bei einem Kinobesuch. Bezahlt wird die Assistenz in der Regel von dem sogenannten persönlichen Budget. Dieses Budget ist eine Geldleistung, die Menschen mit Behinderung zusteht.

AUFGABE **1**

Teilen und diskutieren Sie in Ihrer Lerngruppe Ihre Erfahrungen und Ihre Gedanken zur Inklusion von Menschen mit Behinderungen.

a) Wo findet Ihrer Meinung nach gelungene Inklusion statt? Nennen Sie ein oder mehrere Beispiele.

b) Haben Sie Erfahrung mit Ausgrenzung und Diskriminierung von Menschen mit Behinderungen gemacht?

c) Wie können Sie sich verhalten, wenn Sie Zeuge von Behindertenfeindlichkeit werden?

d) In Deutschland gibt es Sonderschulen und Werkstätten für Menschen mit Behinderungen. Wie ist Ihr Standpunkt dazu? Verhindern solche Einrichtungen Inklusion oder fördern sie Menschen mit Behinderungen?

FAZIT

Die Teilhabe an der Gesellschaft ist Ziel gelungener Inklusion und Barrierefreiheit. Jeder einzelne Mensch kann zur Inklusion von Menschen mit Behinderungen beitragen. Dazu müssen Ängste abgebaut und Beziehungen aufgebaut werden.

Universelles Design – Architektur, Produkte und Texte für alle

Universelles Design ist ein weltweites Designkonzept, welches darauf abzielt, Produkte, Räume und Dienstleistungen so zu gestalten, dass möglichst viele – im Idealfall alle – Menschen sie nutzen können. Die Produkte sind einfach zu verstehen, nützlich in der Anwendung und angenehm in der Handhabung. Sie erinnern nicht an Beeinträchtigung oder Behinderung und fügen sich ganz natürlich in den Alltag ein. Universell designte Produkte sind nicht besonders auffällig gekennzeichnet oder beworben – sie zeichnen sich allein durch ihre gute Bedienbarkeit aus.

Wussten Sie?
Universelles Design ist ein Konzept für Gegenstände, Räume und Dienstleistungen. Diese sind für alle Menschen nützlich und leicht zu verstehen. Informationen werden durch Hören, Sehen oder Fühlen dargestellt und wahrgenommen.

Universelles Design und Barrierefreiheit

Universelles Design ist die nächsthöhere Stufe nach Barrierefreiheit. Barrierefreies Design ist oft eine Sonderlösung für Menschen mit Behinderungen, universelles Design ist eine ganzheitliche Lösung für alle.

Barrierereiches Design Keine Lösung	Barrierefreies Design Sonderlösung	Universelles Design Lösung für alle

Zukunft

➔ BEISPIELE:

Hauseingang mit Treppe ohne Rampe Internetseite	Hauseingang mit Treppe und langer, flacher Rampe Internetseite mit Auswahlmöglichkeit leichter Sprache, Gebärdensprache	Hauseingang mit breiter Rampe für alle Internetseite intuitiv bedienbar, einfach verständlich für alle

Wussten Sie?
Universelles Design ist auch unter den Begriffen „Design für alle“ oder „inklusives Design“ bekannt.

Stilvolles, modernes, großes Bad – angenehm und nutzbar für alle

Geschichte des universellen Designs

Das Konzept wurde 1997 von dem Architekten Ronald Mace entwickelt. Er forschte zum Thema an der North Carolina State University in den USA. Seine Forschergruppe hat sieben Grundsätze des universellen Designs entwickelt:

1. Breite Nutzbarkeit – nützlich für alle
2. Flexibilität in der Benutzung – berücksichtigt individuelle Vorlieben und Fähigkeiten von allen
3. Einfache und intuitive Benutzung – von allen einfach zu verstehen
4. Sensorische Wahrnehmung von Informationen (Hören, Sehen, Fühlen) – Informationen werden für alle wahrnehmbar dargestellt
5. Fehlertoleranz – warnt vor Gefahren und minimiert Gefahren
6. Geringer körperlicher Aufwand – vermeidet körperlichen Aufwand für alle
7. Größe und Platz für Zugang und Benutzung – ausreichend Platz für alle

Im Hinblick auf eine immer älter werdende Gesellschaft und auf eine Inklusion von Menschen mit Behinderungen müssen bei der Gestaltung von Produkten, Räumen und Dienstleistungen diese Prinzipien angewendet werden.

Barrierefreiheit und Sprache

Eine nicht zu vernachlässigende Barriere in der heutigen Gesellschaft ist die Sprache. Sprache kann für viele Menschen ein Hindernis sein. Schwere Texte sind Hindernisse für Menschen
- mit Lernbehinderung, insbesondere mit eingeschränkter Lesefähigkeit,
- mit eingeschränktem Sehvermögen,
- mit anderer Muttersprache.

Für alle Menschen ist es wichtig, dass Informationen klar und leicht verständlich sind. Durch gute Informationen können Menschen selbst entscheiden, was für sie wichtig ist. Wenn Menschen keine guten, für sie verständlichen Informationen bekommen, dann werden sie ausgeschlossen. Dies hat oft zur Folge, dass sie an bestimmten Aktivitäten nicht teilhaben können und auf die Hilfe anderer angewiesen sind.

TIPP

Texte werden leichter verständlich durch:
- kurze Sätze
- Hauptsätze vs. Satzverbindungen
- Benutzung der Zeitform Präsens
- Benutzung der Zeitform Perfekt statt Präteritum, z. B. er hat gelesen vs. er las
- Benutzung von einfachen Verben, z. B. sein, haben, geben, werden, können, heißen, müssen, bedeuten, finden, bekommen, machen, stehen, nennen, wollen, arbeiten
- Auslassen von Fremdwörtern oder Lehnwörtern

- einfache Wörter
- Ersetzen von langen Wörtern durch kürzere, z. B. Straßenbahn vs. Tram
- Trennen von Komposita, z. B. das Wohnhaus vs. das Wohn-Haus
- Auslassung von Sonderzeichen
- inhaltliche Wiederholung

Texte werden leichter lesbar durch:
- Gliederung in Sinnabschnitte
- Teilüberschriften
- Schriftart ohne „Schnörkel“
- Linksbündigkeit
- vergrößerter Zeilenabstand (1,5 und höher)

AUFGABE **1**

Lesen Sie folgenden Auszug aus dem Gesetz zur Gleichstellung von Menschen mit Behinderungen (BGG).

a) Was macht den Text schwer lesbar?

b) Was macht den Text schwer verständlich?

§ 4 BGG –BARRIEREFREIHEIT

BARRIEREFREI SIND BAULICHE UND SONSTIGE ANLAGEN, VERKEHRSMITTEL, TECHNISCHE GEBRAUCHSGEGENSTAENDE, SYSTEME DER INFORMATIONSVERARBEITUNG, AKUSTISCHE UND VISUELLE INFORMATIONSQUELLEN UND KOMMUNIKATIONSEINRICHTUNGEN SOWIE ANDERE GESTALTETE LEBENSBEREICHE, WENN SIE FUER MENSCHEN MIT BEHINDERUNGEN IN DER ALLGEMEIN UEBLICHEN WEISE, OHNE BESONDERE ERSCHWERNIS UND GRUNDSAETZLICH OHNE FREMDE HILFE AUFFINDBAR, ZUGAENGLICH UND NUTZBAR SIND. HIERBEI IST DIE NUTZUNG BEHINDERUNGSBEDINGT NOTWENDIGER HILFSMITTEL ZULAESSIG.

AUFGABE **2**

Versuchen Sie den § 4 BGG aus Aufgabe 1 so umzuformulieren, dass er leichter verständlich ist. Benutzen Sie dazu am besten einen Computer, um den Text auch visuell umzugestalten. Beachten Sie auch die Tipps.

Zeichen, die jeder sofort erkennt, nennt man Piktogramme (*pictum*, lat.: Bild; *gramma*, griech.: Schrift). Piktogramme sind **abbildende (ikonische) Zeichen**, deren Bedeutung schnell erfasst werden kann. Piktogramme werden international verstanden und bedürfen keiner Übersetzung.

Im Gegensatz dazu gibt es auch **symbolische Zeichen**. Bei symbolischen Zeichen muss man wissen, wofür sie stehen, um die Aussage zu erfassen. In der Wissenschaft und Technik werden oft Zeichen vereinbart, deren Bedeutung man erst erlernen muss.

AUFGABE **3**

Um Texte und deren Inhalt noch zugänglicher zu machen, ist es sinnvoll, ihnen Bilder bzw. Zeichen hinzuzufügen. Entwerfen Sie zu dem von Ihnen umgeschriebenen Text aus Aufgabe 2 zwei Piktogramme, die den Inhalt unterstützen:

a) Klären Sie zunächst genau, was mit dem Piktogramm beabsichtigt werden soll.
b) Überlegen Sie, wie sich die Aussage in einem Bild darstellen lässt.
c) Zeichnen Sie nur das Wesentliche (Menschen als Strichmännchen etc.)
d) Überlegen Sie sich, wie durch Farbe die Wirkung unterstützt werden kann.

3 WORTSCHATZÜBERSICHT

	BEGRIFF	NOTIZEN/ÜBERSETZUNG
1.1	die Barrieren	
	die Sinnesbeeinträchtigungen	
	der für das Lebensalter typische Zustand	
1.2	die schwere Behinderung	
	die Schwerstbehinderung	
	die körperliche Behinderung	
	die geistige (kognitive) Behinderung	
	die seelische (psychische) Störung oder Behinderung	
	die angeborene Behinderung	
	pränatal	
	die Anomalie	
	die Chromosomen	
	die erworbene Behinderung	
	perinatal	
	die Schizophrenie	
	die Teilleistungsstörung	
	die Intelligenzminderung	
	die Mehrfachbehinderung	
	der Grad der Behinderung (GdB)	
	der Schwerbehindertenausweis	
	der Nachteilsausgleich	
2.1	die Barrierefreiheit	
	das Behindertengleichstellungsgesetz	
	die UN-Behindertenrechtskonvention	
	akustisch	
	visuell	

BEGRIFF	NOTIZEN/ÜBERSETZUNG
das Defizit/die Defizite	
das weitgehend selbstbestimmte Leben		2.2
die Mobilität	
die Orthese	
die Prothese	
der Versicherungsträger	
die Thrombose	
die Kompression	
das gesellschaftliche Leben		2.3
der Aspekt	
das Lippenlesen	
die persönliche Assistenz	
das persönliche Budget	
Exkurs	
das universelle Design	
das Designkonzept	
die gute Bedienbarkeit	
ganzheitlich	
intuitiv	
die sensorische Wahrnehmung	
die Fehlertoleranz	
die Prinzipien	

4 BETREUUNG UND VERSORGUNG VON ALTEN MENSCHEN

1 Betreuung von alten Menschen

1.1 Würde und Privatsphäre

In Deutschland sind ca. 3,4 Millionen Menschen pflegebedürftig. Die Zahl steigt jährlich. Das hängt mit der steigenden Lebenserwartung zusammen. Die Gesellschaft wird immer älter. Mit dem Alter steigt auch die Pflegequote.

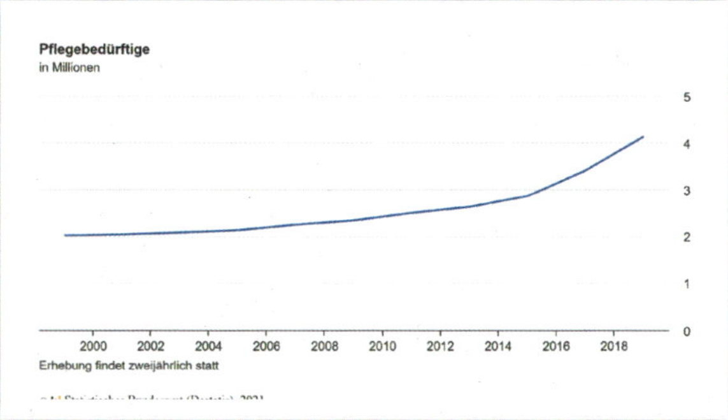

Pflegebedürftige in Millionen

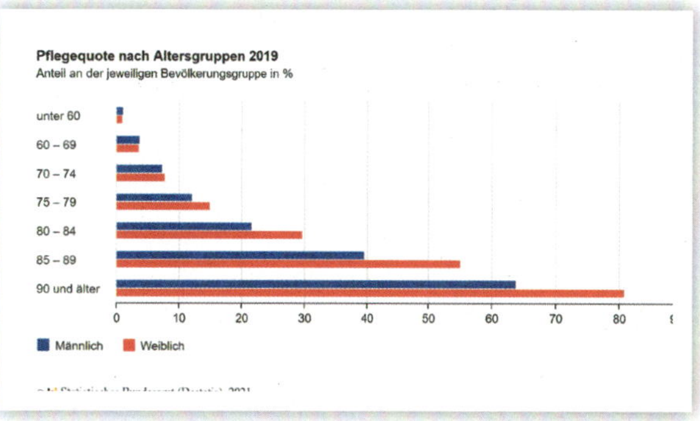

Pflegequote nach Altersgruppen

In Deutschland herrscht Personalmangel in pflegerischen Berufen. Ziel ist es daher, die häusliche Pflege so lange zu erhalten, bis ein Umzug in eine Einrichtung der Altenpflege unausweichlich ist. Auch soll die Selbstständigkeit so lange wie möglich erhalten bleiben.

Wussten Sie?
Bei der häuslichen Pflege werden Hauswirtschafter für die hauswirtschaftliche Versorgung eingesetzt. Sie entlasten das Pflegepersonal und unterstützen und motivieren die pflegebedürftigen Menschen bei Alltagsaufgaben.

Häusliche Pflege setzt sich zusammen aus Grundpflege und hauswirtschaftlicher Versorgung.

In Würde altern

> **Art. 1 GG**
> Die Würde des Menschen ist unantastbar.

Viele Menschen haben Angst vor dem Altern. Durch den Verlust der Selbstständigkeit, der Mobilität, der geistigen Leistungen, der Selbstbestimmung fühlen sich alte Menschen oft ausgeliefert. Das In-Anspruch-Nehmen von Hilfe, z. B. bei der Körperpflege oder beim Toilettengang, kann die Würde verletzen. Pflegebedürftige Menschen erfahren besonderen Schutz durch die Pflege-Charta (→ Kapitel 1, 3.2). Geschützt werden unter anderem Würde und Privatsphäre.

Würde wahren und schützen:

- Selbstbestimmung und Selbstständigkeit älterer Menschen so gut wie möglich bewahren und erhalten,

- älteren Menschen Respekt und Wertschätzung entgegenbringen,
- Entscheidungen nicht über den Kopf älterer Menschen hinweg treffen,
- würde- und respektvoll kommunizieren – ältere Menschen (ohne vorherige Absprache) siezen,
- Nahrungsaufnahme würdevoll gestalten – Speisen geschmackvoll anrichten,
- Selbstständigkeit bei der Nahrungsaufnahme erhalten, wenn nötig unterstützend handeln,

Auch im Alter möchte man gepflegt und schick aussehen.

- passende, saubere, intakte Kleidung bereitstellen,
- Hilfe bei Make-up, Frisur und Schmuckanlegen anbieten – Selbstwertgefühl stärken,
- Körperpflege und Toilettengänge würdevoll und diskret gestalten,
- älteren Menschen soziale, generationenübergreifende Teilhabe an der Gesellschaft ermöglichen.

Privatsphäre wahren und schützen:

- stets vor Betreten der Wohnung/des Privatzimmers anklopfen,
- Ruhezeiten achten und ältere Menschen nicht zu sozialen Kontakten zwingen,
- Gespräche oder Telefonate nicht mitverfolgen,
- mit persönlichen Gegenständen achtsam umgehen,
- Bewohnerkleidung eindeutig kennzeichnen, damit diese nach der Wäschepflege wieder zugeordnet werden kann,
- alle Tätigkeiten in den Privaträumen (z. B. Aufräumen persönlicher Sachen) klar kommunizieren,
- keine persönlichen Gegenstände ohne Absprache entsorgen oder verschenken,
- das Briefgeheimnis wahren – Post nicht ungefragt öffnen,
- mit persönlichen Daten und Informationen vertraulich umgehen,
- Intimsphäre schützen – Türen schließen beim Toilettengang oder der Körperhygiene.

Wussten Sie?

Beim Betreuen, Pflegen und Versorgen arbeiten Fachkräfte interdisziplinär im Team zusammen. Der Austausch von Informationen ist sehr wichtig. Jedoch muss mit den Daten vertraulich umgegangen werden, darauf hat die zu betreuende Person ein Recht.

AUFGABE **1**

Tragen Sie die Artikel der Pflege-Charta hier ein:

Artikel 1: Recht auf ______________________

Artikel 2: Recht auf ______________________

Artikel 3: Recht auf ______________________

Artikel 4: Recht auf ______________________

Artikel 5: Recht auf ______________________

Artikel 6: Recht auf ______________________

Artikel 7: Recht auf ______________________

Artikel 8: Recht auf ______________________

FAZIT

Die häusliche Pflege sollte so lang wie möglich der stationären Pflege vorgezogen werden. Durch Geduld, Einfühlsamkeit und eine hohe Kommunikationskompetenz können Pflege und Betreuung im Alter würdevoll gestaltet werden.

1.2 Persönliche und kulturelle Identität

Jeder Mensch ist einzigartig und hat eine einzigartige Lebensgeschichte (Biografie). Die Identität des Menschen ist die Summe aller Eigenschaften, die einen Menschen einzigartig machen. Sie kann in persönliche und kulturelle Identität eingeteilt werden.

PERSÖNLICHE IDENTITÄT	KULTURELLE IDENTITÄT
Persönlichkeit und Charakter	Werteverständnis/Moral
Äußere Merkmale wie Größe, Haarfarbe	Religionszugehörigkeit/Spiritualität
Geschlecht	Kulturzugehörigkeit/Brauchtum
Sprache, Gestik, Mimik	Politische Einstellung
Auftreten	Mitgliedschaft in Vereinen/Gruppen
Stil	Rollen im Leben (z. B. Mutter, Chefin, Freund, Vorstand, Bruder, Großvater)

Die Identität wird beeinflusst durch:
- Gene,
- Alter,
- Umwelt (gesellschaftlich, beruflich, privat, familiär),
- Ereignisse bzw. Veränderungen.

Wer war ich? Wer bin ich? Wer möchte ich sein?

Identitätsfindung geschieht hauptsächlich in der Kindheit und Jugend. Jedoch wandelt sich die Identität im Laufe des Lebens. Im Alter befinden sich viele Menschen durch Renteneintritt, Wegfall von Rollen, Verlust geliebter Menschen, körperliche

Veränderungen, Krankheit oder Pflegebedürftigkeit in einer Identitätskrise. Gefühle der Wertlosigkeit, Einsamkeit, Angst und Trauer können entstehen.

Wie können Betreuer und Pflegekräfte bei Identitätskrisen unterstützend handeln?

Bedürfnisse wahrnehmen und einfühlsam handeln:

- den Begriff „Alter“ nicht negativ bewerten oder besetzen,
- in schwierigen Phasen trösten, aufmuntern und ablenken,
- zu Gesprächen und Diskussionen anregen, aktiv zuhören,
- um Rat bitten, auf den reichen Erfahrungsschatz zurückgreifen (Altersweisheit),
- beim Erstellen der Biografie unterstützend tätig sein.

Zu Aktivitäten motivieren:

- Interessen und Hobbiys fördern,
- zu sportlichen Aktivitäten motivieren,
- soziale Kontakte herstellen oder wiederaufleben lassen (z. B. Brieffreundschaften, Rendezvous, Spieleabende),
- generationenübergreifende Kontakte herstellen,
- zur Mithilfe im Haushalt, bei der Gartenarbeit motivieren, Aufgaben oder Rollen verteilen,
- an kulturellen Ereignissen teilnehmen (ggf. auch digitale Angebote im Internet wahrnehmen).

Änderungen vorschlagen und ggf. gemeinsam umsetzen:

- über ein Haustier nachdenken/ein Tierheim besuchen,
- einen Einkaufsbummel oder einen Friseurtermin arrangieren,
- mit den Möglichkeiten der modernen, digitalen Medientechnik vertraut machen – bei Beschaffung und Installation helfen.

AUFGABE 1

Setzen Sie sich mit Ihrer eigenen Identität auseinander. Wer sind Sie? Wer waren Sie als Kind? Und wer möchten Sie in Ihrem späteren Leben sein?

a) Zeichnen Sie den Umriss Ihrer Hand auf ein DIN-A4-Blatt. Schreiben Sie Stichpunkte, die Ihre Identität beschreiben auf die Vorderseite, z. B. Schwester, Hobby Tanzen, braune Haare.

b) Beschriften Sie die Hand mit Ihrem Namen. Die Mitglieder Ihrer Lerngruppe können nun auf der Rückseite Stichpunkte, die Ihre Persönlichkeit beschreiben, festhalten.

FAZIT

Jeder Mensch hat eine einzigartige Identität. Diese verändert sich im Laufe des Lebens. Besonders im Alter können Identitätskrisen auftreten. Betreuer und Pflegekräfte können den Wandel der Identität unterstützen.

1.3 Fit und vital im Alter

Die Vitalität (Lebenskraft) im Alter zu erhalten ist Ziel jedes Menschen. Körperliche und geistige Gesundheit und Leistungsfähigkeit sind der Schlüssel zur Vitalität. Durch eine gesunde, ausgewogene Ernährung, ausreichend Bewegung und das Lösen von Denksportaufgaben bleiben ältere Menschen länger fit und vital.

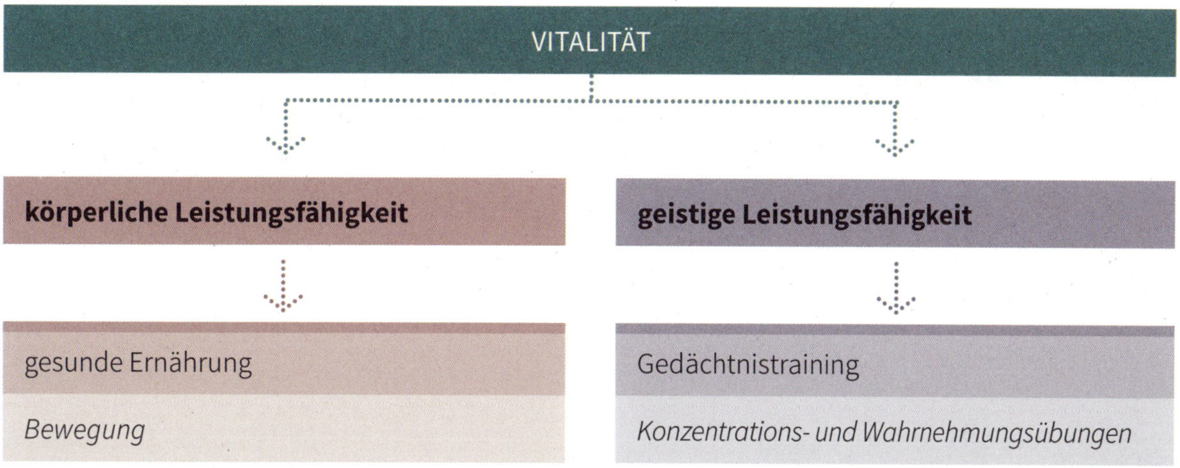

Vitalität erhalten durch Bewegung und Ernährung

Geistig vital bleiben durch Rätselraten

Wussten Sie?
Der Höhepunkt der körperlichen und geistigen Leistungsfähigkeit ist vor dem 30. Lebensjahr. Danach bauen Körper und Geist langsam ab.

Ernährung im Alter

Gesunde, ausgewogene Ernährung ist wichtig, um die Lebenskraft (Vitalität) beizubehalten und um den körperlichen Abbau zu verzögern. Allerdings beeinflussen natürliche, körperliche Veränderungen im Alter die Ernährung: Durst und Appetit lassen nach, die Kauleistung nimmt ab, der Stoffwechsel, das Immunsystem und die Organtätigkeiten funktionieren schlechter. Der Energiebedarf ist im Durchschnitt um ca. 250 Kalorien geringer als bei einem jüngeren erwachsenen Menschen.

TIPP

Die Ernährung soll im Idealfall den „10 Regeln der DGE" folgen, jedoch muss ggf. die Konsistenz der Speisen verändert werden. Auf eine ausreichende Aufnahme von Eiweiß, Kalzium und Vitamin D sollte geachtet werden. Diese Vitamine und Mineralstoffe sind wichtig für starke Knochen.

Körperliche Aktivität

Körperliche Aktivität hält den Körper vital und fit, trägt zur Gesundheit und zum körperlichen und seelischen Wohlbefinden bei. Viele Menschen sind noch bis ins hohe Alter körperlich fit oder zumindest so rüstig, dass sie sich ihre Eigenständigkeit im Alltag bewahren können. Ältere Menschen mit guter Mobilität nehmen häufiger an sozialen Aktivitäten teil und erhalten dadurch Lebensfreude und gesellschaftlichen Anschluss. Regelmäßige Bewegung beugt Krankheiten vor und reduziert das Sturzrisiko. Durch einfache sportliche Übungen werden folgende körperlichen Fähigkeiten verbessert:

- die Beweglichkeit,
- die Kraft,
- die Ausdauer,
- die Flexibilität,
- die Koordination,
- das Gleichgewicht/die Balance.

Geistige Leistungsfähigkeit

Die geistige Leistungsfähigkeit nimmt im Alter ab. Das Gedächtnis kann jedoch trainiert werden, dadurch wird der Abbau verlangsamt. Durch spezielle Denksportaufgaben (auch als Gedächtnistraining und Gehirnjogging bezeichnet) sowie Konzentrations- und Wahrnehmungsübungen werden folgende geistigen Fähigkeiten angesprochen und trainiert:

- die Merkfähigkeit,
- die Aufmerksamkeit,
- die Konzentration,
- die Wahrnehmung,
- die Denkgeschwindigkeit,
- das logische Denken.

AUFGABE **1**

Erstellen Sie in Ihrer Lerngruppe eine Rezeptkartei. Teilen Sie die Kartei in fünf Kategorien ein:
Frühstück – Zwischenmahlzeit vormittags – Mittagessen – Zwischenmahlzeit nachmittags – Abendessen
Fügen Sie jeder Kategorie fünf Rezepte hinzu, die für ältere Menschen mit Kauproblemen und Schluckbeschwerden geeignet sind. Beachten Sie auch die „10 Regeln der DGE".

TIPP

Die Deutsche Gesellschaft für Ernährung hat auf Basis wissenschaftlicher Erkenntnisse in zehn Regeln formuliert, wie man sich mit vollwertigem Essen und Trinken gesund und fit hält. Über die „10 Regeln der DGE" kann man sich unter www.dge.de informieren.

FAZIT
Die Vitalität kann durch körperliche Bewegung, Denksportaufgaben und durch eine gesunde, ausgewogene Ernährung beibehalten werden.

2 Pflegerische Hilfstätigkeiten

2.1 Körperpflege und Hygiene

Die Körperpflege ist eine Alltagstätigkeit, die sehr privat und intim ist. Sie darf jedoch nicht vernachlässigt werden, denn sie leistet einen Beitrag zur Gesundheit und zum Wohlbefinden. Sie ist wichtig, um Haut, Nägel und Zähne zu pflegen und um Krankheiten vorzubeugen.

Zur Körperpflege zählen:
- Zähne putzen,
- Waschen,
- Hautpflege,
- Haare waschen und frisieren,
- Rasur/Bart schneiden,
- ggf. Pflege der Finger- und Fußnägel.

Bei der täglichen Körperpflege müssen die Gewohnheiten der älteren Person akzeptiert und beachtet werden. Der allgemeine Gesundheitszustand gibt vor, ob das Waschen in der Dusche, am Waschbecken oder im Bett geschieht. Der Ablauf sollte so angenehm, respektvoll und einfühlsam wie möglich gestaltet werden. Vertrauen und Sympathie zwischen Betreuer und Pflegeperson erleichtern die Körperpflege enorm.

Wussten Sie?
Die aktivierende Pflege ist ein Pflegekonzept, bei der die Hilfe zur Selbsthilfe im Vordergrund steht. Dabei wird die pflegebedürftige Person zum eigenständigen Handeln aufgefordert. Sie soll nur dort Unterstützung erhalten, wo sie auch notwendig ist. Das Verrichten von Alltagstätigkeiten, insbesondere der Körperpflege, schafft Selbstbewusstsein und spornt zu mehr Eigenständigkeit im Alltag an.

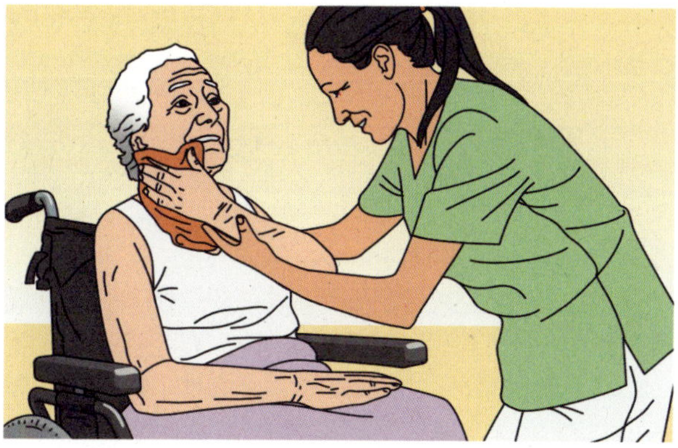
Aktivierende Pflege

Ablauf der Körperpflege		
Vorbereiten		→ alle Utensilien griffbereit bereitstellen (Duschgel, Lotion, zwei Waschhandschuhe, zwei Handtücher, Kamm, Fön etc.) → Schmuck, Uhr, Hörgerät entfernen → Entkleiden, Bademantel anziehen lassen → rutschfeste Schuhe oder Socken im Badezimmer tragen lassen → ggf. Fenster schließen/Einheizen → Hände desinfizieren **TIPP** Achtung! Bei der Körperpflege von alten Menschen muss besonders auf die Sicherheit im Bad geachtet werden. Auf nassen Böden besteht große Rutschgefahr.
Zähne putzen		→ zweimal täglich, morgens und abends → Zahnprothesen über Nacht in Reinigungslösung geben
Waschen	Tägliches Waschen mit Waschhandschuh am Waschbecken	→ pH-neutrale Seife verwenden (pH-Wert 5,5) → angenehme Wassertemperatur einstellen → jeden Vorgang kommunizieren → Körper von oben nach unten waschen • Gesicht, Hals • Brust und Achseln • Arme, Hände • Rücken, Bauch • Beine, Füße • Intimbereich 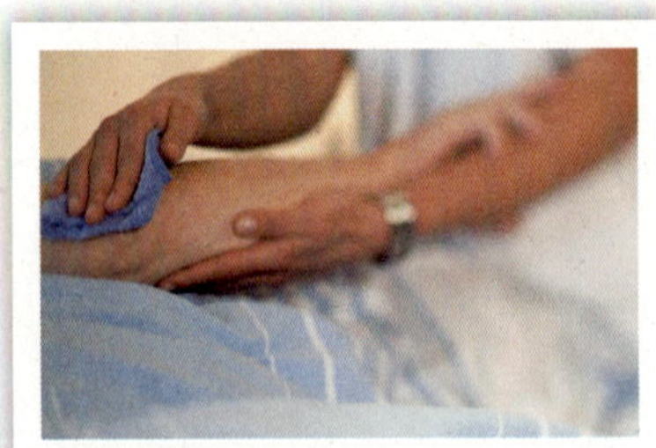 Waschen im Bett → den Intimbereich mit zweitem Waschhandschuh von vorne nach hinten waschen, danach Hände desinfizieren → infizierte Hautstellen (z. B. durch Pilz) mit Einmalwaschhandschuhen waschen → Rutschgefahr vermeiden
	Duschen	→ rutschfeste Unterlagen verwenden → Duschhocker oder Klappsitze bereitstellen → Griffe zum Festhalten anbringen → Ablauf wie bei Waschen am Waschbecken
	Waschen im Pflegebett	→ zwei Waschschüsseln vorbereiten – eine mit klarem, warmem Wasser, um die Seife abzuwaschen → Handtuch unterlegen → nur die Körperteile entkleiden, die gerade gewaschen werden → der Rücken wird in Seitenlage gewaschen, wenn sich der Pflegebedürftige nicht aufsetzen kann → Ablauf wie bei Waschen am Waschbecken

Ablauf der Körperpflege		
	Abtrocknen	→ mit zwei Handtüchern (eins für den Körper, eins für den Intimbereich) → zwischen Hautfalten (z. B. unter der Brust, dem Bauch, den Achseln, zwischen den Zehen) sehr gut abtrocknen → nicht zu stark reiben oder rubbeln
Haut-pflege	Eincremen → rückfettende Lotion (z. B. mit Urea oder Glycerin) verwenden → parfümarme Lotionen verwenden **TIPP** Auf Hautveränderungen (trockene, wunde, eitrige, entzündete, gerötete Haut) achten!	
Haare waschen und frisieren	→ Haare kämmen bzw. bürsten und frisieren → Haare waschen → Gewohnheiten respektieren → Haare mit Fön trocknen → Haare nach Vorliebe frisieren	
Rasur/ Bart schneiden	→ Trockenrasur mit Rasierapparat → Nassrasur mit Rasierer • Rasierschaum gleichmäßig verteilen • in Haarwuchsrichtung rasieren, Reihenfolge: Wangen, Hals, über und unter den Lippen, Kinn • Schaumreste mit Waschhandschuh abnehmen • Rasierwasser oder Pflegelotion anwenden	
Pflege der Finger- und Fußnägel	→ ein Nagel- oder Fußbad lässt die Nägel weich werden → Fingernägel kurz und rund schneiden → Fußnägel kurz und eher gerade schneiden → bei Fußpilz auf besondere Hygiene achten: • Einmalhandschuhe tragen • Pilzsporen nicht auf andere Körperregionen „verschleppen“ • Füße werden zuletzt gewaschen und abgetrocknet • alle Textilien bei mind. 60 °C waschen → Hände desinfizieren **TIPP** Bei starker Verhornung oder starkem Fußpilz übernimmt das Kürzen der Nägel die professionelle Fußpflege.	

TIPP

Um Schamgefühle abzubauen, lenken Sie die Unterhaltung auf alltägliche Themen, z. B. die aktuellen Nachrichten, das Wetter oder die neue Dekoration im Speisesaal.

AUFGABE 1

Was versteht man unter Dekubitus?

____

____

____

AUFGABE 2

Vervollständigen Sie den Dialog.

Füßen – frische Wäsche – Waschlappen – Rasierzeug – Seife – Heizung – Pyjama-Oberteil – Ausziehen – Fußpflegerin – Waschen – stützen – Körper – Haare – kalt – Nassrasur – Intimbereich – Temperatur – weich – Seite – vorsichtig – Abtrocknen

„Guten Morgen, Herr Fein, haben Sie gut geschlafen?"

„Sehr gut heute, danke schön. Sind Sie zum __________________ da?"

„Ja genau, jetzt kümmern wir uns um die Körperpflege. Möchten Sie heute auch eine __________________?"

„Ich denke, heute ist ein guter Tag dazu, ja."

„Setzen Sie sich bitte auf. Super, danke. Ziehen Sie nun Ihr __________________ aus, ich habe hier schon ein großes Handtuch für Sie. Das legen Sie über den __________________, dann bleibt es warm. Möchten Sie sich heute selbst waschen?"

„Heute ist ein guter Tag dazu, ja, geben Sie mir mal den __________________. Nur an den Rücken komme ich doch nicht."

„Da helfe ich Ihnen. So hier, ist die __________________ des Wassers in Ordnung?"

„Ach ja, ich bin ja nicht aus Zucker. Oh, mein Arm ist heute schwer, könnten Sie ihn __________________?"

„Natürlich, so, ich führe Ihren Arm ein bisschen, okay?"

„Ja, ja, ganz wunderbar. Die __________________ duftet gut. Das mag ich."

„Das ist das Duschöl, das macht ihre Haut schön __________________, die ist doch sonst so trocken und juckt."

„Wunderbar ist das, ja. Danke. So und jetzt den Rücken bitte.“

„Rollen Sie sich etwas auf die ________________, super funktioniert das!“

„Danke, danke, jetzt noch die Beine. Und dann Rasieren und die ________________ machen.“

„Ja, alles der Reihe nach, wir wollen doch nichts vergessen, sonst sind Sie doch nur halb so schick. Ich helfe Ihnen beim ________________ der Hose, ja?“

„Da haben Sie Recht. (lacht) Decken Sie mich bitte oben zu? Es ist etwas ________________ hier.“

„Ich drehe auch die ________________ ein Stück weiter auf, in Ordnung, Herr Fein?“

„Sie machen das schon. Sie haben das alles im Griff.“

„Nächste Woche kommt die ________________, Frau Menninghaus. Den Termin nehmen Sie wieder wahr, richtig?“

„Ja, ist es denn schon wieder nötig? Das an den ________________ Rummachen mag ich ja nicht so gerne. Aber es hilft ja nix, richtig, Frau Sophia?“

„Richtig, Herr Fein. Frau Menninghaus ist doch auch ________________, die macht das ganz sanft, da müssen Sie keine Angst haben. So, jetzt wechsle ich den Waschlappen. Möchten Sie sich selbst im ________________ reinigen?“

„Ja, das mach ich selbst, das kann ich gut. Geben Sie mal her den Lappen. Sie können ja schon mal das ________________ vorbereiten.“

„Das mach ich, nehmen Sie sich Zeit, keine Eile.“

„So, fertig da unten. Helfen Sie mir beim ________________ und Anziehen?“

„Natürlich. Ich habe schon ________________ parat.“

FAZIT

Körperpflege ist eine sehr private Angelegenheit und muss daher sehr einfühlsam und respektvoll durchgeführt werden. Die pflegebedürftige Person sollte zur Mithilfe bei der Körperpflege aufgefordert werden – das fördert Eigenständigkeit und stärkt das Selbstbewusstsein.

2.2 Umgang mit Ausscheidungen und Inkontinenz

Inkontinenz ist ungewolltes und unkontrolliertes Ablassen von Harn oder Stuhl. Gründe dafür können das Nachlassen der Beckenbodenmuskulatur, Prostatabeschwerden, Nebenwirkungen von Medikamenten oder ein gestörtes Empfinden für Urindrang nach einer Krankheit sein. Inkontinenz ist mit viel Scham verbunden und für die betroffene Person sehr belastend.

Auch für die betreuende Person ist der Umgang mit Ausscheidungen nicht einfach. Angst, Scham und Ekel sind Gefühle, die bei der Betreuung und Pflege auftreten können. Mit guter Kommunikation, Einfühlsamkeit, Verständnis und Humor jedoch können peinliche und schwierige Situationen von beiden Seiten besser gemeistert werden.

TIPP

Wissenswertes im Umgang mit Inkontinenz
Bei leichter Inkontinenz:

→ Wohnung sicherer machen:
- Rutsch- und Stolperfallen auf dem Weg zum Bad vermeiden
- ggf. Möbel rücken
- im Bad rutschfeste Matten auslegen
- Haltegriffe im Bad anbringen
- Weg zum Bad ausreichend beleuchten oder Bewegungsmelder anbringen

→ Kleidung mit Gummibund für schnelles Ausziehen auswählen
→ rutschsichere Hausschuhe tragen

Bei mittlerer bis schwerer Inkontinenz:

→ Beratung und Hilfe bei Ärzten, Pflegepersonal und Sanitätshäusern suchen
→ je nach Schwere der Inkontinenz aufsaugende Hilfsmittel verwenden (Einlagen, Vorlagen, Windelhosen, spezielle Inkontinenz-Unterwäsche)
→ spezielle Auflagen für Bett und Couch verwenden
→ Toilettenstühle oder Urinflaschen in der Nacht verwenden

Wussten Sie?
Die Haut ist besonders anfällig gegen die aggressiven Stoffe in Urin und Stuhl. Um Hautschädigungen abzuwenden, müssen aufsaugende Hilfsmittel regelmäßig gewechselt, Stuhl sofort entfernt und die Haut sanft gereinigt werden. Zur Pflege der gestressten Haut werden spezielle Schutzcremes verwendet.

AUFGABE 1

Manche ältere Menschen, besonders Menschen mit Demenz, leiden unter Inkontinenz. Sie finden und erkennen oft die Toilette nicht mehr. Wie können Sie mit einfachen Mitteln dazu beitragen, dass die Toilette schnell gefunden und als solche erkannt wird?

____

____

____

FAZIT

Inkontinenz ist unkontrolliertes Verlieren von Urin oder Stuhl. Für die pflegebedürftige Person ist es eine große Belastung. Hilfe anzunehmen fällt oft schwer. Die betreuende Person muss sehr einfühlsam und verständnisvoll handeln.

3 Erkrankungen im Alter

3.1 Krankheiten

Altern ist ein biologischer Prozess im Körper des Menschen. Der Alterungsprozess kann nicht verlangsamt oder gar gestoppt werden. Genau genommen beginnt der menschliche Körper schon bei der Geburt mit dem Altern. Ungefähr ab dem 55. Lebensjahr nimmt die Leistungsfähigkeit ab und die Altersbeschwerden nehmen zu. Mit zunehmendem Alter entstehen durch die Alterungsprozesse auch Krankheiten.

Alterstypische Krankheiten	
Bluthochdruck (Hypertonie)	→ ab ca. 140/90 mmHg ist der Blutdruck erhöht → chronischer Bluthochdruck schädigt die Gefäße → die Folge davon können Herzschwäche, koronare Herzkrankheit, Herzinfarkt, Schlaganfall oder Nierenversagen sein
Diabetes mellitus	→ chronische Stoffwechselerkrankung: das Hormon Insulin wird gering oder gar nicht ausgeschüttet, Zucker wird nicht mehr in die Zellen geleitet, Folge: erhöhter Blutzuckerspiegel → Symptome: erhöhter Harndrang, Durst, trockene Haut, Müdigkeit → Behandlung: Umstellung auf eine gesunde Ernährung, Bewegung, regelmäßiges Messen des Blutzuckers, Medikamente, ggf. Insulinspritzen

Alterstypische Krankheiten	
	→ schwere Folgeschäden durch falsche Behandlung: schlechte Wundheilung, diabetischer Fuß, schwere Organschäden Achtung: Akute Unterzuckerung ist ein medizinischer Notfall!
Herzschwäche	→ Körper wird nicht mehr ausreichend mit Sauerstoff versorgt → Symptome: Wassereinlagerungen in den Füßen, Atemnot, Herz schlägt sehr schnell → chronische Herzschwäche entwickelt sich schleichend Achtung: Akute Herzschwäche ist ein medizinischer Notfall!
Arthritis	→ Entzündung der Gelenke → Symptome: Gelenkschmerzen, Rötung bzw. Überhitzung, Schwellung, Steifheit der Gelenke, Bewegungseinschränkungen → akuter oder chronischer Krankheitsverlauf → Behandlung: Bewegung, Physiotherapie, Medikamente, Drainage
Osteoporose	→ Knochenschwund durch poröse Knochen → erhöhte Knochenbruchgefahr! → schleichende Erkrankung → Sturzprophylaxe betreiben – Gefahren für Stürze vermeiden
Schlaganfall	→ Durchblutungsstörung im Gehirn, Gehirnzellen sterben ab → plötzliche Symptome: schwerste Kopfschmerzen, Schwindel, Sprech- und Schluckstörungen, erhöhter Blutdruck → Folgeschäden können sein: halbseitige Lähmung, Sprachstörungen → bei geringstem Verdacht auf Schlaganfall: sofort Notruf wählen!
Demenz (→ Kapitel 4, Exkurs)	→ schrittweiser Verlust der geistigen Leistungsfähigkeiten → Symptome: Vergesslichkeit, Orientierungsschwierigkeiten, Sprachstörungen, Konzentrationsstörungen, Lustlosigkeit, Verhaltensauffälligkeiten, z. B. Aggressivität → Betreuung steigt mit dem Stadium der Demenz (leicht, mittel, schwer) → Alzheimer-Krankheit ist die häufigste Form der Demenz
Krebs	→ Veränderung gesunder Körperzellen – gesundes Gewebe wird dabei zerstört → bösartige Tumore entstehen → Stadium: • 0 = Krebsfrühform • 1 = kleiner bis mittelgroßer Tumor, Beginn der Ausbreitung • 2 = fortgeschrittene Ausbreitung des Tumors • 3 = Ausbreitung in Lymphknoten • 4 = Bildung von Metastasen

Alterstypische Krankheiten	
	→ Behandlung: • Medikamentenbehandlung: Chemo-, zielgerichtete Krebstherapie • Bestrahlungstherapie • Hormon- oder Antihormontherapie • Palliativbehandlung

Wussten Sie?
Viele Menschen erkranken im Alter an mehreren Krankheiten. Dieser Zustand wird als Multimorbidität bezeichnet.

TIPP

Wissenswertes beim Umgang mit kranken Personen
- → als Betreuer mit der Krankheit vertraut machen
- → auf Symptome (der Verschlechterung) achten
- → wissen, wie im Notfall gehandelt werden muss
- → Nebenwirkungen der Medikamente ernst nehmen
- → Empathie zeigen – sich in die kranke Person hineinversetzen
- → die kranke Person nach Bedürfnissen fragen
- → Ruhephasen akzeptieren
- → den kranken Menschen motivieren und bei Handlungen unterstützen
- → Verständnis ausdrücken, z. B. „Ich verstehe, dass Sie gereizt sind."

AUFGABE 1
Ab welchem Wert wird von niedrigem Blutdruck (Hypotonie) gesprochen?

____

____

____

AUFGABE 2
Warum sind Knochenbrüche, insbesondere Oberschenkelhalsbrüche, für alte Menschen so gefährlich?

____

____

____

FAZIT

Krankheiten treten im Alter häufiger auf. Das ist natürlich und hat mit der Veränderung der Körperzellen zu tun. Kranke Menschen benötigen Verständnis, Unterstützung, Ruhe, aber auch Motivation. Es bedarf bei der Betreuung von kranken Menschen viel Einfühlungsvermögen und Empathie.

3.2 Arzneimittel

Arzneimittel sind Produkte, die zur Verhütung, Diagnose, Linderung oder Heilung von Krankheiten eingesetzt werden. Sie werden oral, rektal, kutan, intravenös oder intramuskulär verabreicht. Arzneimittel sind für die Qualität und den Erhalt des Lebens ausschlaggebend. Alle Arzneimittel sind grundsätzlich apothekenpflichtig. Sie werden eingeteilt in:

kutan = die Haut betreffend

- freiverkäuflich: Ausnahmeregelung Arzneimittel mit sehr gering dosierten Wirkstoffen,
- apothekenpflichtig: können ohne Rezept in der Apotheke erworben werden,
- verschreibungspflichtig: bei besonderen Anwendungsrisiken.

Arzneimittel bestehen aus Wirk- und Hilfsstoffen. Es gibt sie in verschiedenen Formen:

- gasförmig, z. B. Sprays, medizinische Gase,
- flüssig, z. B. Lösungen, Tinkturen,
- halbfest, z. B. Cremes, Salben, Pasten, Gels,
- fest, z. B. Pulver, Granulate, Tabletten, Dragees, Kapseln, Zäpfchen.

Viele ältere Menschen müssen mehrere Medikamente gleichzeitig einnehmen. Das kann pflegebedürftige Personen überfordern. Bei der Medikamenteneinnahme muss sichergestellt sein, dass sie nicht verwechselt, über- oder unterdosiert oder von der falschen Person eingenommen werden.

**DIE 6-R-REGEL
FÜR DIE RICHTIGE VERABREICHUNG VON
ARZNEIMITTELN**

- Richtiger Patient!
- Richtiges Medikament!
- Richtige Dosierung!
- Richtige Verabreichung!
- Richtige Zeit!
- Richtige Dokumentation!

Wussten Sie?
Muss ein Mensch mehrere Medikamente gleichzeitig einnehmen, so muss der behandelnde Arzt darüber informiert werden, um Wechselwirkungen auszuschließen. Dazu gehören sowohl apothekenpflichtige als auch freiverkäufliche Arzneimittel.

TIPP

Wissenswertes zur Einnahme von Medikamenten

- feste Arzneimittel nicht im Liegen verabreichen – Erstickungsgefahr!
- feste Arzneimittel immer mit viel Flüssigkeit einnehmen (kein Alkohol!)
- flüssige Arzneimittel vor der Einnahme gut schütteln
- bei halbfesten Arzneimitteln, die kutan aufgetragen werden, ist die Hautverträglichkeit an einer kleinen Stelle zu prüfen
- Medikamente, die bis zu 20 Minuten nach der Einnahme erbrochen werden, sind wirkungslos; erneute Einnahme kann sinnvoll sein (Beipackzettel beachten)
- Medikamente sind nach dem Essen in der Regel besser verträglich
- Sicherstellen, dass Tabletten auch wirklich geschluckt werden

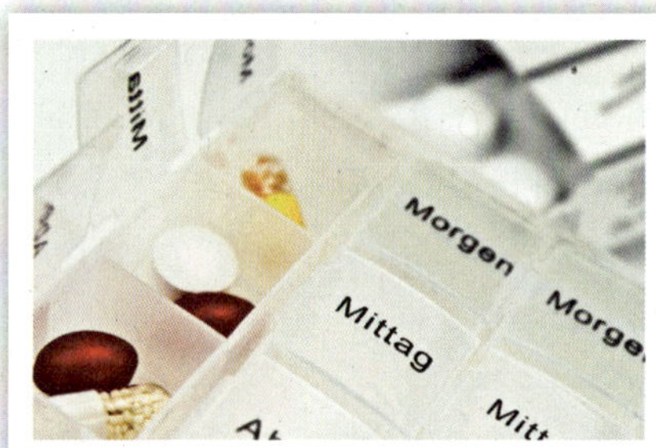

Eine Tablettendosierer hilft bei der Dosierung und richtigen Einnahmezeit von festen Arzneimitteln.

AUFGABE 1

Verbinden Sie die Satzteile.

feste Arzneimittel nicht	mit viel Flüssigkeit einnehmen (kein Alkohol!)
Medikamente, die	der Einnahme gut schütteln
Medikamente sind nach dem Essen	auch wirklich geschluckt werden
feste Arzneimittel immer	in der Regel besser verträglich
bei halbfesten Arzneimitteln	im Liegen verabreichen
flüssige Arzneimittel vor	erbrochen werden, sind wirkungslos
Sicherstellen, dass Tabletten	Hautverträglichkeit an einer kleinen Stelle zu prüfen

FAZIT

Bei der Verabreichung von Arzneimitteln muss achtsam und genau gearbeitet werden. Eine falsche Einnahme kann schwerwiegende Folgen für die pflegebedürftige Person haben. Die Anwendung der 6-R-Regel hat sich bewährt.

3.3 Erste Hilfe und Verhalten bei Notfällen

Erste Hilfe bei leichten Unfällen

Bei einem Unfall muss sofort Erste Hilfe geleistet werden. Leichtere Verletzungen (kleine Schnitte, Abschürfungen) können vor Ort behandelt werden. Verbandskästen oder eine Hausapotheke sollten verfügbar sein und sind ausgestattet mit:

- Pflaster, sterilen Wundauflagen und Kompressen,
- Einmalhandschuhen,
- eventuell Augenspülung und Kühlspray,
- Rettungsdecken.

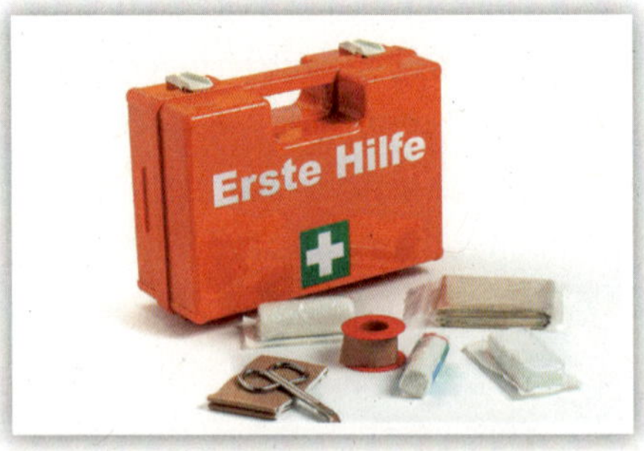

Verbandskasten mit Pflaster, Verbänden und Wundauflagen

Erste Hilfe bei schweren Unfällen und bei medizinischen Notfällen

Bei einem schweren Unfall oder einem medizinischen Notfall muss schnell und überlegt gehandelt werden. Besonders bei älteren Menschen mit Vorerkrankungen können plötzlich Notfälle auftreten.

BEISPIELE:
- Stürze/Knochenbrüche
- Bewusstlosigkeit
- Herzinfarkt
- Lungenödem
- Schlaganfall
- Unter- oder Überzuckerung
- arterieller Gefäßverschluss

Die eigene Sicherheit darf bei der Rettung nicht gefährdet werden. Die Rettungskette stellt die Reihenfolge der Erste-Hilfe-Maßnahmen dar.

DIE RETTUNGSKETTE

- Situation erkennen und einschätzen/Ruhe bewahren
- ggf. Unfallstelle sichern/eigene Sicherheit beachten
- Notruf absetzen: 112 wählen
- ggf. Hilfe bzw. Verstärkung holen

Wichtig: Die verletzte Person nicht allein lassen!

- Erste Hilfe leisten, z. B. stabile Seitenlage
- ↓ Rettungsdienst

ANGABEN BEI EINEM NOTRUF

- **WO** ist der Unfall oder der Notfall passiert?
- **WAS** ist passiert?
- **WIE VIELE** sind verletzt?
- **WELCHE ART DER VERLETZUNG** liegt vor?
- **WARTEN** auf Rückfragen

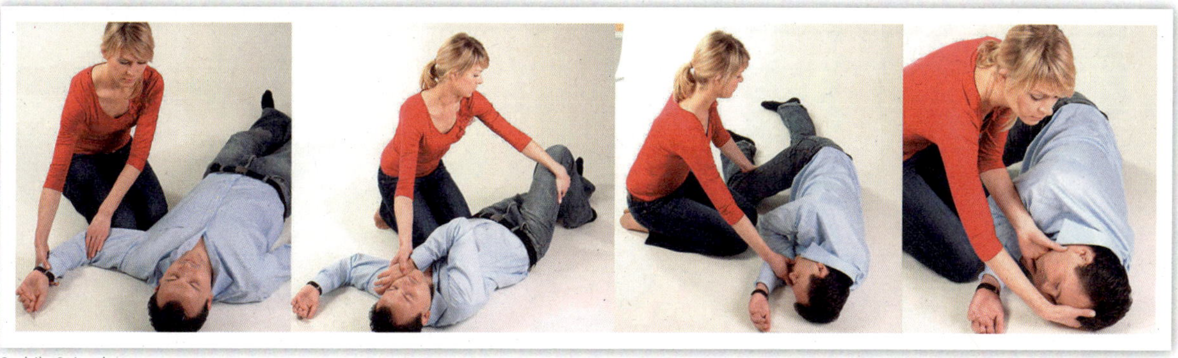

Stabile Seitenlage

FAST-Test bei Verdacht auf Schlaganfall

FACE (GESICHT)	ARMS (ARME)	SPEECH (SPRACHE)	TIME (ZEIT)

FACE (GESICHT)	ARMS (ARME)	SPEECH (SPRACHE)	TIME (ZEIT)
Bitten Sie die Person zu lächeln!	Bitten Sie die Person, beide Arme nach vorne auszustrecken, Handteller nach oben!	Bitten Sie die Person, einen Satz nachzusprechen!	Wählen Sie sofort den Notruf 112!

AUFGABE 1

Wie handeln Sie bei den folgenden Notfällen?

- Stürze/Knochenbrüche: ______________________________
- Bewusstlosigkeit: ______________________________
- Herzinfarkt: ______________________________
- Schlaganfall: ______________________________
- Unterzuckerung: ______________________________
- Überzuckerung: ______________________________

AUFGABE 2

Vervollständigen Sie den Dialog.

Rettungsdienst – Stuhl – verletzt – heißen – bewusstlos – verschlimmern – atmet – Unfall – bleiben – Adresse – 112 – Verletzungen

„Notrufzentrale, hallo."

„Hallo? Hier ist etwas passiert. Der Frau Marik, der geht's ganz schlecht."

„Hallo, wie ____________________ Sie bitte?"

„Was? Ach so ja, Thomas Bennert."

„Herr Bennert, was ist passiert?"

„Die Frau Marik ist vom ____________________ gestürzt und auf den Arm gefallen, der ist jetzt so schlimm verdreht und die Frau Marik ist nicht mehr da."

„Wo ist der ____________________ passiert, Herr Bennert?"

„Oh je, hier in ihrer Wohnung ist das, Stockwerk 2."

„Welche ____________________ ist das genau?"

„Ach so, ja, das ist Hauptstraße 45."

„In Haimhausen, ja?"

„Was? Ja, genau, entschuldigen Sie, ich bin so aufgeregt."

„Sie machen alles richtig, Herr Bennert, keine Sorge. Ist nur die Frau Marik ____________________?"

„Ja, nur sie. Ich war dabei, es ist in ihrer Wohnung passiert. Kommen Sie doch schnell her."

„Welche ____________________ können Sie erkennen?"

„Ich denke, auf alle Fälle ist der Arm gebrochen und die Frau Marik ist ____________________, die reagiert nicht mehr auf mich."

„____________________ Frau Marik?"

„Ja, sie atmet, das höre und sehe ich genau."

„Sehr gut. Herr Bennert, wir schicken sofort den ____________________ zu Ihnen in die Hauptstraße 45. Zweiter Stock sagten Sie?"

„Ja, schnell, bitte! Zweiter Stock, hoch und rechts um die Ecke, da sind wir. Die Frau Marik wollte doch nur Frühstücken."

„Keine Sorge, wir sind gleich da. ________________ Sie bei ihr, hören Sie?“

„Ja, ich bleibe bei ihr. Kommen Sie schnell!“

„Sollte sich etwas ________________, dann rufen Sie sofort wieder die ________________ an, okay? Auf Wiederhören.“

„Okay, vielen Dank, auf Wiederhören.“

FAZIT

Nehmen Sie regelmäßig an Erste-Hilfe-Kursen teil. Leisten Sie Erste Hilfe bei leichten und schweren Verletzungen sowie bei medizinischen Notfällen nach bestem Wissen und Gewissen. Handeln Sie nach der Rettungskette. Machen Sie bei einem Notruf alle erforderlichen Angaben und warten Sie auf Rückfragen.

3.4 Sterben und Tod – Angehörige begleiten und betreuen

Das Leben des Menschen beginnt mit der Geburt und endet mit dem Tod. Der Tod gehört zum Menschsein dazu und sollte nicht verdrängt oder tabuisiert werden. Sterben bezeichnet den Übergang vom Leben zum Tod. Bei dem Sterbeprozess zeigen sich beim Sterbenden langsam Zeichen des nahenden Todes.

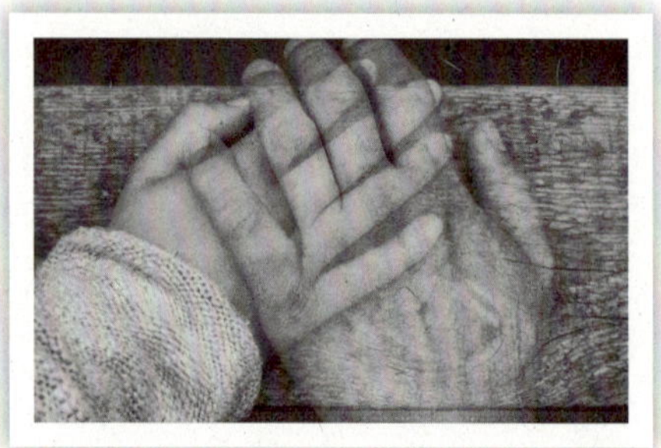

Das Menschsein beginnt mit dem Geburtsakt und endet mit dem Tod.

Zeichen des Todes

Tage vorher:
- Appetit lässt nach, Speisen und Getränke werden verweigert,
- Schmerzempfinden lässt nach,
- Kräfte lassen nach,
- Bewusstsein trübt sich, ggf. Halluzinationen,
- der Sterbende schläft viel.

Stunden vorher:
- Atem ist flach, ggf. unregelmäßig oder rasselt,
- Puls ist ggf. unregelmäßig,
- Blutdruck sinkt,
- Körpertemperatur sinkt,
- Haut färbt sich blass bzw. gräulich,
- Augen und Wangen sinken ein,
- Hände und Füße werden kalt.

Minuten vorher:
- Nervenzellen im Gehirn sterben,
- die Atmung setzt aus,
- das Herz hört auf zu schlagen – der Herztod tritt ein,
- weitere Organe (Leber, Niere etc.) versagen,
- das Gehirn setzt aus – der Hirntod tritt ein.

Die meisten alten Menschen sterben in Einrichtungen des Gesundheitswesens, in Krankenhäusern, Pflegeheimen oder Hospizen. Nur ca. 25 Prozent der alten Menschen sterben zu Hause. Die letzten Tage und Stunden müssen für den Sterbenden schmerzfrei und würdevoll gestaltet werden. Die sterbende Person muss sich geborgen und sicher fühlen, auf die Bedürfnisse muss sehr aufmerksam geachtet werden.

Wussten Sie?
Ein Hospiz ist eine stationäre Einrichtung der Palliativmedizin. Dort können Menschen, die unheilbar krank sind, die letzten Tage vor dem Tod verbringen. Hospize haben in der Regel nur wenige Betten. Die Betreuung dort erfolgt von geschultem Pflegepersonal und von ehrenamtlichen Helfern. Nicht nur der Sterbende, auch die Angehörigen werden im Hospiz betreut und begleitet.

Bedürfnisse und Wünsche eines sterbenden Menschen

Körperliche Bedürfnisse:
- schmerzfrei,
- würdevoll.

Psychische Bedürfnisse:
- sicher und geborgen,
- begleitet und nicht einsam,
- Erfüllung letzter Wünsche, z. B. Lieblingsspeisen.

Soziale Bedürfnisse:
- Testament schreiben/ändern,
- Besitztümer verteilen,
- mit Mitmenschen aussöhnen,
- Frieden finden.

Religiöse Bedürfnisse:
- Kruzifix, Rosenkranz, Thora halten,
- Gespräch mit einem Krankenhausseelsorger oder Geistlichen,
- Krankensalbung.

Sterbebegleitung

Den Sterbenden in den letzten Stunden begleiten:

- nicht allein lassen,
- sanfte Musik spielen,
- Licht dimmen, eine Kerze anzünden,
- ggf. Lippen immer wieder befeuchten, da der Mund austrocknet,
- Berührungen geben Geborgenheit und Sicherheit,
- Geschichten vorlesen, Beten, Sprechen – das Gehör „geht" zum Schluss.

Sterbebegleitung bedeutet Nähe und Geborgenheit geben.

Angehörige begleiten und betreuen:

- Angehörige auf den Tod vorbereiten und emotional unterstützen,
- Angehörigen Zeit geben, sich zu verabschieden,
- Kerzen und Blumen aufstellen,
- Anschuldigungen nicht persönlich nehmen, Emotionen ausleben lassen, beruhigen,
- Geschichten und Anekdoten des Verstorbenen mit den Angehörigen teilen,
- Zimmer gemeinsam mit den Angehörigen ausräumen,
- die Vergabe der Besitztümer mit den Angehörigen klären.

AUFGABE 1

Wie, wann und von wem wird in Deutschland der Tod eines Menschen festgestellt?

____

____

AUFGABE 2

Welche Bestattungsarten dürfen in Deutschland durchgeführt werden?

____

____

FAZIT

Sterben ist ein Prozess, der bei alten Menschen meist schleichend und ruhig verläuft. Ein durch Krankheit geschwächter, alter Mensch zeigt schon Tage vor dem Tod Anzeichen. Die letzten Tage und Stunden müssen einfühlsam und würdevoll für den Sterbenden gestaltet werden, damit dieser ruhig und sicher gehen und loslassen kann.

Validation bei Demenz

Die Krankheit

Menschen mit Demenz leiden unter dem Verlust der geistigen (kognitiven) Fähigkeiten. Dabei zerfällt das Gehirn schrittweise. Eine Demenzerkrankung beginnt schleichend und wird grob in drei Stadien eingeteilt: früh, mittel und spät. Menschen mit Demenz leben in ihrer eigenen Welt, die stark von ihrer Vergangenheit geprägt ist. Sie nehmen die Umwelt stark eingeschränkt wahr, sie können Geschehnisse nicht mehr einordnen, Gesichter nicht mehr zuordnen. Demente Menschen ziehen sich immer weiter zurück. Die eigene Persönlichkeit schwindet.

Kognitive Fähigkeiten schwinden bei Demenz.

Stadien der Demenzerkrankung	
Frühes Stadium (leichte Demenz)	→ Vergesslichkeit → Orientierungsschwierigkeiten → Unsicherheit bei Alltagstätigkeiten → Verlust des Zeitgefühls → leichte Sprachschwierigkeiten → Veränderungen der Persönlichkeit
Mittleres Stadium	→ Schwierigkeiten im Alltag bei einfachen Tätigkeiten, z. B. Zähne putzen → Schwierigkeiten beim Erkennen von Gegenständen, z. B. Zahnbürste → Schwierigkeiten beim Erkennen von Familienmitgliedern und engen Freunden → Angstzustände entwickeln und verstärken sich, innere Unruhe entsteht → Angewiesenheit auf fremde Hilfe steigt → Verlust der eigenen Persönlichkeit
Schweres (spätes) Stadium	→ enormes Schwinden der körperlichen Kräfte → starker Verlust der geistigen Leistungsfähigkeit → teilweiser oder ganzer Verlust der Sprache → Harn- und Darminkontinenz verschlimmert sich → sehr hohe Pflegebedürftigkeit rund um die Uhr

Validation

Demenzkranke werden oft als verwirrt, trotzig, aggressiv, anstrengend, kompliziert, nervig, anhänglich oder ängstlich wahrgenommen. Pflege und Betreuung können enorm kräftezehrend sein. Da die Umwelt von dementen Menschen anders wahrgenommen wird, ist die Kommunikation sehr schwierig.

Validation ist eine wertschätzende, respektvolle Methode zur Kommunikation mit Demenzkranken. Validieren bedeutet, „für gültig erklären". Das Ziel bei dieser Methode ist, sich in die Lebens- und Gedankenwelt der dementen Person hineinzuversetzen, deren Wirklichkeit anzuerkennen und für gültig zu erklären.

Grundsätze der Validation:
- Akzeptanz der dementen Person,
- Erhaltung der Würde,
- Verbesserung der Lebensumstände,
- Erleichterung für Betreuerinnen.

Wussten Sie?
Die Amerikanerin Naomi Feil gilt als die Begründerin der Validation. Sie ist Sozialarbeiterin und hat diese Methode seit Mitte der 1960er-Jahre entwickelt und eingesetzt. Die Methode wird in der Pflege von demenzkranken Menschen eingesetzt.

Die Techniken der Validation:
- die Gedankenwelt des Demenzkranken akzeptieren,
- die Probleme und Ängste ernst nehmen,
- die Lebensgeschichte (Person war Vater, Lehrer etc.) berücksichtigen,
- Handlungen und Gesagtes nicht werten oder als Unsinn abtun,
- geduldig sein, auf Logik verzichten,
- den Demenzkranken nicht bevormunden,
- nicht lügen oder schauspielern,
- nicht widersprechen oder verbessern,
- auf Augenhöhe kommunizieren, tiefen Blickkontakt herstellen,
- kurze, klare Sätze sprechen,
- Gesagtes wiederholen,
- dieselben Wörter/Sätze der dementen Person verwenden,
- Warum-Fragen vermeiden, offene Fragen stellen,
- nonverbal kommunizieren, mit Mimik und Gestik,
- den Demenzkranken berühren: am Arm berühren, die Hand halten, über die Wange streichen.

BEISPIEL:

Lebensgeschichte:	Der Mann war in seinem Berufsleben Abteilungsleiter in einer großen Bank.
Wirklichkeit des Mannes:	Er öffnet den Safe und legt Geld hinein.
Wirklichkeit des Betreuers:	Der Mann versteckt sein Erspartes in der Mikrowelle.

BEISPIEL:

Betreuer: „Heute ist aber viel los."
Mann: „Ich habe keine Zeit zum Plauschen, ich muss mich um wichtige Dinge kümmern."
Betreuer: „Da sind Sie immer ganz gewissenhaft!"

Verallgemeinern, auf Lebensgeschichte eingehen
– geduldig sein –

Mann: „Das muss alles genau gemacht und dokumentiert werden hier in der Bank. Gehen Sie weg, das ist meine Aufgabe."
Betreuer: „Das ist schon beeindruckend, wie Sie hier alles im Griff haben."

Bestätigen
– nicht als Unsinn abtun, nicht persönlich nehmen –

Mann: „Ich arbeite hier seit 45 Jahren. Ich bin der Leiter der Abteilung. Gehen Sie mir jetzt aus dem Weg, das ist nicht Ihre Aufgabe."
Betreuer: „Da haben Sie Recht. Wollen wir uns gemeinsam hinsetzen?"

Anerkennen, Wiederholen
– nicht auf aggressives Verhalten eingehen –

Mann: „Ich komme gleich. Drehen Sie sich jetzt um, der Safe geht Sie gar nichts an."
Betreuer: „Setzen wir uns doch hin, dann erzählen Sie mir von Ihrer Arbeit."

Bestätigen, Ablenken
– geduldig sein, Wirklichkeit des Mannes akzeptieren –

Mann: „Jaja, ich komme. Hier, halten Sie das mal. Ich arbeite hier seit 45 Jahren."
Betreuer: „Seit 45 Jahren. Was sind denn Ihre Aufgaben?"

Gespräch in andere Richtung lenken
– nicht verbessern, nicht werten –

...

dieselben Wörter verwenden, offene Frage stellen

AUFGABE **1**
Wie könnte sich das Gesprächsbeispiel zwischen dem Mann und dem Betreuer weiterentwickeln?

Fremdwörter sind Wörter, die aus anderen Sprachen ins Deutsche übernommen wurden. Fremdwörter findet man nicht nur in der Wissenschaft, sie sind Bestandteil alltäglicher Unterhaltung und werden in allen Medien verwendet. Fremdwörter kann man in einem Wörterbuch nachschlagen. Zusätzlich zu ihrer Bedeutung findet man noch weitere Angaben zu dem jeweiligen Wort.

AUFGABE **2**
Schlagen Sie die Wörter „Validation" und „Demenz" nach und finden Sie folgende Angaben:
- Artikel
- Herkunftssprache
- Aussprache
- Worterklärung
- Trennungsmöglichkeit
- Plural

AUFGABE **3**

a) Setzen Sie aus den Wortbausteinen Fremdwörter zusammen und sortieren Sie diese nach der Endung.

INFORMA-	TOLER-	PSYCH-
KOMMUNIKA-	KOMPLI-	OPTIMIST-
KONTROLL-	AKTIVI-	MANIPULA-
KOGNI-	DISKRIMIN-	PASSA-
ARROG-	ARGU-	EXPERI-
AKZEPT-	AGGRESS-	VALIDA-

-isch	-ment	-bel
-tion	-ieren	-iv
-anz	-tät	

____

____

____

____

____

b) Mit einem Wortbaustein lassen sich zwei Wörter bilden. Welche?

____

c) Mithilfe der Endungen können Sie die Wortarten bestimmen. Versuchen Sie dazu eine Merkhilfe zu formulieren:

→ Nomen erkennt man häufig an den Endungen: -tion, ______________

→ Adjektive erkennt man ______________

____

____

→ Verben erkennt man ______________

____

AUFGABE **4**

Von vielen Nomen lassen sich Verben mit der Endung -ieren ableiten. Finden Sie mindestens drei Beispiele.

___

___

___

AUFGABE **5**

a) Setzen Sie die Fremdwörter sinnvoll in den Text ein:
valide – Kommunikation – Akzeptanz – aggressiv – respektvolle – Toleranz – Validation – Realität – Demenz

Bei der ____________ mit Menschen, die an ____________ erkrankt sind, ist es wichtig, ihnen mit Wertschätzung, ____________ und ____________ zu begegnen. Aufgrund ihrer Erkrankung erscheinen Demenzkranke oft verwirrt, rastlos, anstrengend und teilweise auch ____________. Die ____________ ist eine ____________ Methode zur Kommunikation, bei der es das Ziel ist, die ____________ der erkrankten Person anzuerkennen und für ____________ zu erklären.

b) Im Text versteckt sich ein weiteres Fremdwort, das folgende Bedeutung hat:

Art und Weise, wie man etwas tut, um ein Ziel zu erreichen; Verfahren

Können Sie dieses Fremdwort finden?

___

AUFGABE **6**

Erörtern Sie, weshalb der Gebrauch von Fremdwörtern in der Kommunikation mit Demenzkranken zu Problemen führen kann.

	BEGRIFF	NOTIZEN/ÜBERSETZUNG
1.1	die Privatsphäre	
	die Pflegequote	
	die hauswirtschaftliche Versorgung	
	die Grundpflege	
	intakt	
	diskret	
	generationenübergreifend	
	das Briefgeheimnis	
	der vertrauliche Umgang mit Daten	
	das uneingeschränkte Recht	
1.2	die persönliche Identität	
	die kulturelle Identität	
	die Biografie	
	das Werteverständnis	
	die Moral	
	die Religionszugehörigkeit	
	die Spiritualität	
	die politische Einstellung	
	die Rolle im Leben	
	die Identitätskrise	
	der reiche Erfahrungsschatz	
	die Altersweisheit	
	die sportlichen Aktivitäten	
	die sozialen Kontakte	
	die kulturellen Ereignisse	
	die Installation	
1.3	die Vitalität	

BEGRIFF	NOTIZEN/ÜBERSETZUNG
die Leistungsfähigkeit	
die Kauleistung	
die Organtätigkeit	
die Konsistenz	
die Mobilität	
das Sturzrisiko	
die Flexibilität	
die Koordination	
die Balance	
das Gehirnjogging	
intim	
die Rasur	
die aktivierende Pflege	
anspornen	
die Utensilien	
die Rutschgefahr	
die pH-neutrale Seife	
der Intimbereich	
die infizierten Hautstellen	
der Einmalwaschhandschuh	
die rückfettende Lotion	
die Haarwuchsrichtung	
die Pilzsporen	
der Fußpilz	
die Verhornung	
die professionelle Fußpflege	
das Schamgefühl	

2.1

	BEGRIFF	NOTIZEN/ÜBERSETZUNG
	die private Angelegenheit	
	der Dekubitus	
2.2	die Inkontinenz	
	die Beckenbodenmuskulatur	
	die Prostata	
	der Urindrang	
	die Scham	
	der Humor	
	die Stolperfallen	
	der Bewegungsmelder	
	das Sanitätshaus	
	die aufsaugenden Hilfsmittel	
	aggressiv	
	unkontrolliert	
3.1	der Alterungsprozess	
	die Hypertonie	
	die koronare Herzkrankheit	
	der Herzinfarkt	
	das Nierenversagen	
	der Diabetes mellitus	
	der erhöhte Blutzuckerspiegel	
	die Stoffwechselerkrankung	
	chronisch	
	das Hormon	
	das Insulin	
	das Symptom/die Symptome	
	die Folgeschäden	

BEGRIFF	NOTIZEN/ÜBERSETZUNG
der diabetische Fuß	
die Wassereinlagerungen	
die Herzschwäche	
die Arthritis	
die Osteoporose	
die Sturzprophylaxe	
der Schlaganfall	
die Durchblutungsstörung	
die Demenz	
die Alzheimer-Krankheit	
der Tumor	
die Lymphknoten	
die Metastasen	
die Chemotherapie	
die Palliativbehandlung	
die Multimorbidität	
die Hypotonie	
der Oberschenkelhalsbruch	
3.2	
die Diagnose	
oral	
rektal	
kutan	
intravenös	
intramuskulär	
freiverkäuflich	
apothekenpflichtig	
verschreibungspflichtig	

BEGRIFF	NOTIZEN/ÜBERSETZUNG
die Wechselwirkung	
die 6-R-Regel	
die Erstickungsgefahr	
die Hautverträglichkeit	
der Tablettendosierer	
3.3	
der arterielle Gefäßverschluss	
die Rettungskette	
der FAST-Test	
nach bestem Wissen und Gewissen	
das Lungenödem	
3.4	
tabuisiert/tabuisieren	
der Sterbeprozess	
das Schmerzempfinden	
die Halluzination	
der Hirntod	
das Hospiz	
die ehrenamtlichen Helfer	
das Testament	
die Anekdote	
Exkurs	
die Demenzerkrankung	
das Stadium/die Stadien	
die Validation	
validieren/valide	

Bildquellenverzeichnis

Fotos und Illustrationen:

Alamy Stock Photo, Abingdon/Oxfordshire: Allenden, Ian 90.2; Allenden, Ian 59.1; BSIP SA 30.1; Classen, Bernhard 63.1; Cultura Creative RF 77.3; George, Edward 10.1; imageBROKER 62.1; Kneschke, Robert 14.1; Kuzmina, Oksana 8.1; MBI 13.1; Oaksey, Sam 68.1; Pirvu Marius 9.1; Realimage 34.1; Tack, Jochen 69.1; Tverdokhlib, Volodymyr 32.2.

Berghahn, Matthias, Bielefeld: 41.3, 42.1, 64.1, 111.1, 124.1, 124.2, 124.3, 124.4.

Bundesanstalt für Arbeitsschutz und Arbeitsmedizin, Berlin: 79.1.

DRK e. V., Berlin: Sebastian Schleicher/DRK 123.1.

fotolia.com, New York: RioPatuca Images 93.1.

iStockphoto.com, Calgary: FroggyFrogg Titel.

Shutterstock.com, New York: Alexander_Safonov 57.2; ALPA PROD 53.1; AnnaStills Titel; Atamanenko, Evgeny 35.1; CC7 41.1; Cookie Studio 26.1, 26.2, 26.3, 26.4, 26.5; diignat 36.1; Eleonora_os 90.1; fizkes 27.2, 28.1; Georghiou, Christos 32.1; insta_photos 65.1; KieferPix 51.2; Livchak Vera 55.2; Miriam Doerr Martin Frommherz 38.1; Monkey Business Images 25.1; Morozova, Katerina 55.1; NicoElNino 20.2; Pithi, Tananyaa 41.2; Rawpixel.com 15.1, 24.1; Zuo, Daniel Titel.

stock.adobe.com, Dublin: 315167613 74.1; Alexandra 75.1; alfa27 88.1; alho007 82.1; amixstudio 18.1; bilderstoeckchen 109.2; BillionPhotos.com 128.1; Bueckert, Axel 107.1; DN6 51.1; Dörr, M./Frommherz, M. 87.1; E. Zacherl 81.1; elypse 94.2; Firma V 96.2; Geithe, Ralf 126.1; Halfpoint 52.1, 106.1; hedgehog94 96.1; icarmen13 94.1; ismotionprem 77.2; jd-photodesign 109.1; katyamaximenko 18.3; Kneschke, Robert 7.1; leno2010 112.1; LIGHTFIELD STUDIOS 129.1, 130.1; Lund, Jacob 78.1; made_by_nana 73.1; OlegDoroshin 93.2; Photographee.eu 22.2; PhotoSG 121.1; pikselstock 16.1; Pixel-Shot 56.1; Raths, Alexander 104.1, 105.3; rh2010 20.1; Rido 22.1; Roman 94.3; scarlett 77.1; shootingankauf 88.2; stanislav_uvarov 57.1; Sunny studio 60.1; Täger, Daniel 18.2; Thomass, Anke 27.1; WavebreakMediaMicro 9.2; Yuganov, Konstantin 49.1; Zerbor 122.1.

© Statistisches Bundesamt (Destatis), Wiesbaden: 105.1, 105.2.

© Villeroy & Boch AG, Mettlach: Villeroy & Boch AG 99.1.